A. Katzenstein · E. Sitte

Angst

Psychologie populär

Herausgegeben von
Prof. Dr. sc. Harry Dettenborn
(Leiter des Kollektivs),
Prof. Dr. sc. Jürgen Guthke,
Prof. Dr. Walter Mäder,
Doz. Dr. sc. Peter Richter
im Auftrag der Gesellschaft
für Psychologie der DDR

Alfred Katzenstein
Ellen Sitte

Angst

Wesen –
Entstehung –
Bewältigung

VEB Deutscher Verlag
der Wissenschaften
Berlin 1989

mit 25 Abbildungen

ISBN 3-326-00407-9

Verlagslektoren: Wolfgang Nitsche, Peter Hertzfeldt
Verlagshersteller: Petra Herrmannsdorf
Reihenentwurf: Ulrich Reuter
Titelgestaltung: H. und U. Reuter

DDR – 1080 Berlin, Postfach 1216
Lizenz-Nr.: 206 · 435/57/89
Printed in the German Democratic Republic
Gesamtherstellung:
Druckerei Schweriner Volkszeitung II-16-8 (2426)
LSV 0199
Bestellnummer: 571 741 9
00780

Warum wir dieses Buch schreiben

Angst ist ein aufwühlendes Erlebnis. Sie ist in dieser oder jener Form uns allen bekannt, wie Freude und Trauer, Liebe und Enttäuschung. Doch wer denkt schon viel darüber nach, was in unserem Körper geschieht, wenn wir schlafen oder essen, uns freuen oder Angst haben. Gewiß ist es oft besser, sich einfach auf die „Weisheit unseres Körpers" zu verlassen. Manche Fertigkeiten wie Radfahren, Schwimmen, Autofahren, Tanzen usw. werden, wenn sie einmal erlernt sind, automatisch ausgeführt; Nachdenken über die nächste Bewegung würde eher stören. Auch bei kleinen Verletzungen trifft der Körper, schneller als wir zu denken vermögen, Maßnahmen, um eindringende Schadstoffe auszuschalten und den Schaden zu reparieren. Andererseits hat das Erkennen der Zusammenhänge und ihrer Gesetzmäßigkeiten der Menschheit geholfen, verheerende Krankheiten wie Pest, Pocken, Kindbettfieber und Kinderlähmung weitgehend unschädlich zu machen. Fast jeder hat auch erlebt, wie bei einer ernsten Erkrankung das Verstehen der ursächlichen Zusammenhänge (die richtige Diagnose) lebensrettend sein kann.

In der psychotherapeutischen Sprechstunde werden wir häufig mit vielfältigen Ängsten unserer Patienten konfrontiert. Oft sehen wir Schlafstörungen, Kopfschmerzen und andere Leiden „ohne klinischen Befund", hinter denen sich nicht selten „geheime Ängste" verbergen. Auch andere Krankheiten, die in vielen Fachbereichen der Medizin behandelt werden, sind von offenen oder versteckten Ängsten geprägt. Dabei denken wir insbesondere an psychosomatische Erkrankungen. Oft glauben Patienten, die Angst sei ein Zeichen der Schwäche, ein selbstverschuldetes Versagen, das sie verbergen müßten und über das sie nicht sprechen sollten. Dadurch wird die Angst und die damit verbundene innere Spannung eher noch verstärkt. So können Ängste die Entwicklung von Krankheiten begünstigen. Ja mehr noch, genau wie Infektionskrankheiten, die erst lange Zeit, nachdem man sich angesteckt hat, sichtbar werden, zeigt leider auch die Angst manchmal sehr unangenehme Spätfolgen. In derartigen Fällen ist es oft besonders schwierig, die Ursachen und Zusammenhänge, die der Patient selber „vergessen hat", zu finden.

Wegen ihrer oft verheerenden Auswirkungen ist es notwendig, genauer zu erkennen, welche Rolle die Angst im menschlichen Leben spielt, wie sie zustande kommt und sich weiterentwickelt. Dann erst können wir lernen, Ängste schöpferisch zu verarbeiten und zu meistern.

Als Praktiker, die jahrzehntelang mit Angstproblemen von Patienten zu tun hatten, und als Wissenschaftler, die bemüht sind, die neuesten theoretischen Erkenntnisse unseres Faches zu verarbeiten, halten wir es für eine wichtige Aufgabe, wesentliche Zusammenhänge, die zum Verständnis und zur Überwindung von Ängsten beitragen können, übersichtlich und leicht verständlich aufzuzeigen. Die Dringlichkeit dieser Aufgabe wird deutlich, wenn kompetente Ärzte der Weltgesundheitsorganisation feststellen, daß 35–50 % aller Erwachsenen in kapitalistischen Staaten unter schweren Ängsten leiden. Bürgerliche Philosophen und Gesellschaftswissenschaftler nennen unser Zeitalter einseitig übertreibend „das Jahrhundert der Angst". In der Welt steigt der Verbrauch von Schlaf- und Beruhigungsmitteln von Jahr zu Jahr. Auch der Absatz von Alkohol und Drogen, mit denen Menschen ihre Ängste betäuben wollen, wächst bedrohlich.

Es geht jedoch nicht nur um die eigene, sondern auch um die bei anderen erzeugte Angst: Damit das Kind, der Schüler, Ehepartner, Mitarbeiter, Freund oder auch die Eltern „endlich begreifen lernen", wird ihnen gedroht.

Wir versuchen manchmal, ihnen „aus erzieherischen Gründen“ Angst zu machen. Das kann unter Umständen tatsächlich zu dem gewünschten Ergebnis (verbesserter Leistung, Einstellungsänderung oder Vermeiden einer gefährlichen Situation) führen. Vielfach sind aber doch schädliche Wirkungen mit dem ohnehin zweifelhaften Einsatz von Drohungen als Erziehungsmittel verbunden, die wir nicht eingeplant haben und die unserer Absicht genau zuwiderlaufen.

Unsere Ausführungen befassen sich gezielt mit Ängsten, wie sie der einzelne Mensch ganz persönlich erlebt. Bei Ängsten dagegen, die z. B. bei Naturkatastrophen, vor einem drohenden Kriegsausbruch, bei Kriegshandlungen oder anderen verhängnisvollen gesellschaftlichen Situationen auftreten und oft die gesamte Bevölkerung in Mitleidenschaft ziehen, spielen sozioökonomische Faktoren die entscheidende Rolle. Auf diese Art von Ängsten wird im Rahmen unserer Darstellung nicht primär eingegangen.

Die für dieses Buch ausgewählten Bilder zeigen, wie unterschiedlich Künstler ihre Ängste verarbeiten, wie vielfältig sie ihren Empfindungen beredten Ausdruck geben und gesellschaftliche Wirksamkeit entfalten. Goya, Kollwitz, Siqueiros, Pankok, Arenal, Masereel u. a., die von der Willkür und Unmenschlichkeit feudaler bzw. kapitalistischer Verhältnisse tief beeindruckt waren, enthüllten das Unrecht und rüttelten das Volk zum Widerstand auf. Sie loten Tiefen und Weiten des menschlichen Lebens und der zwischenmenschlichen Beziehungen aus (Munch usw.). Einige Arbeiten lassen deutlich die schmerzhafte Auseinandersetzung des Künstlers mit der eigenen Krankheit, seinen Ängsten und notwendigen ärztlichen Eingriffen erkennen. Als Beispiel hierfür wählten wir eine Bildfolge unseres Zeitgenossen Hans-J. Biedermann (Potsdam).

Mit diesem Büchlein wollen wir Voraussetzungen schaffen, damit Sie, lieber Leser, Ängste im Alltag selbst in angemessener Weise bewältigen können. Dazu ist es allerdings auch wichtig, zum Verständnis des Wesens der Angst sowie der Entwicklungsgeschichte sogenannter normaler und krankhafter Ängste den gegenwärtigen Wissensstand zu umreißen. Damit ist dann die Grundlage gegeben, um die im zweiten Teil des Buches geschilderten Methoden zur Angstbewältigung sinnvoll anzuwenden und Verhaltensweisen zu fördern, die helfen können, unnötige Aufregungen und „Kränkungen“ zu vermeiden und dem Auftreten krankhafter Ängste vorzubeugen. Wir sind uns bewußt, daß in einer Publikation zu einem so umfassenden und wichtigen Problem bestenfalls Gedankenanstöße und Hinweise gegeben werden können, die keinerlei Anspruch auf Vollständigkeit stellen können und wollen. Wir beabsichtigen deshalb nach Erscheinen des Büchleins eine „Expertenkonferenz“ einzuladen, um Spezialisten aus verschiedenen Disziplinen Gelegenheit zu geben, ihre Meinung zu unseren Ausführungen zu sagen bzw. ihre eigenen Auffassungen darzustellen. In Vorbereitung einer solchen Zusammenkunft würden wir auch Ihre Fragen, lieber Leser, Ihre Stellungnahmen und Kritiken sehr begrüßen. Es würde uns freuen, wenn wir dann das Protokoll einer solchen freimütigen Aussprache in einem zweiten Band vorlegen könnten.

Für die liebenswürdige und sorgfältige Durchsicht des Manuskripts und die zahlreichen nützlichen Hinweise bedanken sich die Autoren an dieser Stelle ganz herzlich bei den Damen Dr. Ursula P. Katzenstein, Dr. Kate P. Leiterer, Susan Köhn und Elizabeth Shaw sowie den Herren Prof. Dr. sc. Hans Böttcher, Prof. Dr. sc. Jürgen Guthke, Prof. Dr. Walter Mäder, Dr. sc. Harry Dettenborn und Dr. Jens Köhn. Besten Dank auch Frau Ilse Wall, die die mühevolle Abschrift des Manuskripts besorgte.

Ellen Sitte
Alfred Katzenstein

Angst – Bestandteil unseres Lebens

Von früher Kindheit an bis ins hohe Alter erlebt jeder Mensch vielfältige Ängste. Angst, etwas Wichtiges zu verpassen, treibt uns voran. Angst vor möglichen Gefahren hält uns zurück. So wirkt die Angst oft widersprüchlich. Wenn wir unterschiedliche Situationen untersuchen, die aktiven Einsatz erfordern, gibt es kaum eine, die nicht dem einen oder anderen Angst macht. Das Führen eines Telefongesprächs z. B. oder das Anbringen einer Antenne auf dem Dach mag für viele selbstverständliche Routine, für einige jedoch beängstigende Bewährungssituation sein. Genauso steht es mit dem Fallschirmabsprung, Skiabfahrtslauf, Sprung vom Dreimeterbrett. Hier handelt es sich um Ängste, deren Ursachen man relativ leicht in unserer Kultur vermeiden kann. Es gibt aber auch Befürchtungen, die jeder im Interesse seiner Entwicklung überwinden sollte, wie die Angst vor anderen Menschen, Furcht vor Blamagen oder anderen Risiken, denn sie können Neugier und Wissensdurst hemmen, erfinderische Produktivität bremsen und tatkräftiges Zufassen behindern.

Angeborene Abwehrreflexe

Gibt es nun eine ursprüngliche, d. h. von Natur aus vorhandene oder primäre Angstausgangssituation? Freud beispielsweise war der Meinung, daß die Geburt, das Ausgestoßenwerden aus der warmen, schützenden Fruchtblase im Leib der Mutter, den fundamentalen Schock, die Urangst auslöse. Andere Untersucher glaubten, die erste Todesangst würde beim Durchgang durch den engen Geburtskanal und die dabei auftretende außerordentlich starke Zusammenpressung des

Gefühle oder *Emotionen*
sind miteinander eng verknüpfte innerorganismische Vorgänge. Sie treten auf, wenn Veränderungen in der Mensch-Umwelt-Beziehung bzw. auch innerorganismische Abläufe durch das Nerven- und Hormonsystem widergespiegelt werden. Es sind also Erlebnisse. Es werden positive oder angenehme (z. B. Freude, Lust) sowie negative oder unangenehme (z. B. Angst, Traurigkeit usw.) Gefühle unterschieden. Folgende Gefühlskomponenten gehen in die Gefühlsempfindung ein:

Wahrnehmungskomponente: Die Wahrnehmung von Veränderungen in den Beziehungen zwischen einem Menschen und seiner Umwelt bzw. von Vorgängen in seinem Körper.

Gedankliche Komponente: Vorstellung, Interpretation und Wertung dieser Geschehen und Planung eventueller Maßnahmen.

Physiologische Komponente (Körperreaktion): Gesamtorganismische Erregung, Blutandrang zum Kopf, Schwitzen, Pulsbeschleunigung, Muskelspannung, Ausdrucksverhalten usw.

Verhaltenskomponente: Weglaufen, Angreifen, Sichtotstellen usw.

Zwischenmenschliche Komponente: Veränderungen im zwischenmenschlichen Bereich im Ergebnis der physiologischen und Verhaltensreaktion (Rückmeldung).

Die bei Gefühlen auftretende gesamtkörperliche Erregung führt, vorausgesetzt, daß sie mittlere Stärkegrade nicht übersteigt, zur Scharfeinstellung der Aufmerksamkeit. Wird die Gefühlserregung zu groß, kommt es zu desorientierender, vom Ziel ablenkender Wirkung. Vielfach treten auch Verhaltensweisen auf, die mit dem eigentlichen Anlaß nichts zu tun haben. Daß Angsterregung unter bestimmten Umständen in Aggression (Droh- und Kampfverhalten) umschlagen kann, konnte experimentell gezeigt werden und ist auch aus der Praxis bekannt.

Neugeborenen entstehen. Wieder andere sind davon überzeugt, daß die ursprüngliche Angstreaktion eine Folge der plötzlichen Kälteeinwirkung nach Verlassen des Mutterleibes sei. Ein amerikanischer Psychologe (J. B. Watson) versuchte, die Frage experimentell zu lösen. Er stellte fest, daß ein Kleinkind, das er plötzlich fallen ließ und erst nach etwa einem Meter freien Falls wieder auffing, das charakteristische Zusammenziehen vieler Muskeln (Schreck-Überraschungs-Reaktion) und Anzeichen äußersten Unbehagens (Weinen) zeigte. Die gleiche Reaktion zeigten Kinder beim erstmaligen Hören eines lauten Gongs, bei Schmerz, Kälteeinwirkung oder wenn sie von der Mutter isoliert wurden. Daraus schloß er, er habe die ursprünglichen oder angeborenen Angstauslöser gefunden. Eindeutige Beweise für die Richtigkeit oder Falschheit dieser verschiedenen Auffassungen wurden bisher nicht erbracht. Immerhin kann man feststellen, daß sie sich nicht unbedingt widersprechen und vielleicht alle richtig sind.

Wie auch immer die angeborenen, nach der Geburt auftretenden ersten Ängste beschaffen sind, sicher ist, daß schon das Kleinkind auf verschiedene äußere und innere Reizkonstellationen mit Angst reagiert. Der sowjetische Physiologe I. P. Pawlow kam auf Grund seiner Untersuchungen zu der Erkenntnis, daß alle Lebewesen angeborene Abwehrreflexe auf bestimmte Schlüsselreize aufweisen. Von ihm wissen wir auch, daß aus mehr oder weniger zufälligen zeitlichen oder gedanklichen Verbindungen von emotional neutralen Gegebenheiten mit angstauslösenden Reizkonstellationen auch ursprünglich indifferente, d. h. nicht bedrohliche Objekte und Situationen zu Angstauslösern werden können. So läßt sich die große Vielfalt der Ängste bei verschiedenen Menschen erklären. Wir werden in späteren Kapiteln noch genauer auf diese Frage eingehen.

Illustrieren wir jetzt diesen Vorgang nur an Hand eines Beispiels: Ein vier Monate altes Kleinkind liegt in

Frans Masereel, Holzschnitt aus „Von Schwarz zu Weiß“ (1939)

seinem Kinderbettchen. Die von der Familie geliebte Katze ist mit im Zimmer. Sie springt auf das Bettchen und legt sich auf die Decke quer über den Körper des Kindes. Das Gewicht der Katze erschwert dem Kind das Atmen. Das Unbehagen verstärkt sich, Bewegung wird beinahe unmöglich, die Atmung verflacht, Erstickungsgefahr droht, Todesangst setzt ein. – Wir wüßten nichts von diesem Vorfall, wenn nicht glücklicherweise die Mutter noch rechtzeitig ins Zimmer gekommen wäre und ihr beinahe ersticktes Baby gerettet hätte. – Aber wen verwundert es, daß dieses Kind auch später als erwachsene Frau eine entsetzliche Angst vor Katzen zeigte.

Jeder Mensch entwickelt eigene Methoden, um Ängste zu überwinden; dabei sind manche Ängste leichter, andere nur schwer zu meistern. Die erwähnte Patientin konnte ihre Angst vor der Katze nicht ohne psychotherapeutische Hilfe überwinden.

Angsterleben: Pfeifen im Wald u. a.

Schon Kinder finden unterschiedliche Möglichkeiten, Ängsten zu begegnen: Ein kleiner Junge, den die Mutter einkaufen schickt, muß, um zur Kaufhalle zu gelangen, durch eine Anpflanzung von Bäumen. Er verspürt Angst vor dem Unbekannten, den vielfältigen Geräuschen des Waldes, dem Rascheln der Sträucher, den Rufen der Vögel, dem eigenartigen Ächzen der Zweige im Wind. Tapfer schreitet er aus und pfeift laut vor sich hin. Er will seine Angst nicht wahrhaben, sich nicht unterkriegen lassen, sie mit lautem Pfeifen übertönen. Er verdrängt das Angstgefühl.

Ein anderer traut sich überhaupt nicht, allein zur Kaufhalle zu gehen. Er weint und gesteht, er habe zu große Angst. Die Mutter kann ihn nicht dazu bewegen, allein zu gehen.

Ein dritter geht den gleichen Weg so leise wie möglich. Er achtet auf jeden Ton, jede Bewegung, um etwaige Gefahren rechtzeitig zu erkennen. Die Angst schärft seine Sinne. Er sieht und hört vieles, das der Pfeifende gar nicht bemerkt. Oft erschrickt er bei unerwarteten Lauten und Bewegungen, aber auf die Dauer lernt er sie kennen, und seine Angst schwindet.

Feinfühlig haben bildende Künstler und Dichter Angst dargestellt. In dramatischer Verdichtung läßt uns Goethes „Erlkönig“ Angst erleben. Zum besseren Verständnis seien drei Komponenten der Handlung markiert:

Verhalten und Worte des Vaters	Fieberphantasien des Kindes (Worte des Erlkönigs)	Worte des Kindes
Wer reitet so spät durch Nacht und Wind? Es ist der Vater mit seinem Kind; Er hat den Knaben wohl in dem Arm, Er faßt ihn sicher, er hält ihn warm. Mein Sohn, was birgst du so bang dein Gesicht? –		
		Siehst, Vater, du den Erlkönig nicht? Den Erlenkönig mit Kron' und Schweif? –
Mein Sohn, es ist ein Nebelstreif. –		
	„Du liebes Kind, komm, geh mit mir! Gar schöne Spiele spiel' ich mit dir; Manch bunte Blumen sind an dem Strand, Meine Mutter hat manch gülden Gewand.“	
		Mein Vater, mein Vater, und hörest du nicht, Was Erlenkönig mir leise verspricht?
Sei ruhig, bleibe ruhig, mein Kind: In dürren Blättern säuselt der Wind.		
	„Willst, feiner Knabe, du mit mir gehn? Meine Töchter sollen dich warten schön; Meine Töchter führen den nächtlichen Reihn Und wiegen und tanzen und singen dich ein.“	
		Mein Vater, mein Vater und siehst du nicht dort, Erlkönigs Töchter am düstern Ort? –
Mein Sohn, mein Sohn, ich seh' es genau: Es scheinen die alten Weiden so grau. –		

Verhalten und Worte des Vaters	Fieberphantasien des Kindes (Worte des Erlkönigs)	Worte des Kindes
	„Ich liebe dich, mich reizt deine schöne Gestalt; Und bist du nicht willig, so brauch' ich Gewalt." –	
		Mein Vater, mein Vater, jetzt faßt er mich an! Erlkönig hat mir ein Leids getan! –
Dem Vater grauset's, er reitet geschwind, Er hält in Armen das ächzende Kind, Erreicht den Hof mit Mühe und Not; In seinen Armen das Kind war tot.		

Beachten Sie, wie eindringlich dem Leser das Angstgefühl durch die Gegenüberstellung der Realität – Verhalten und Worte des Vaters – und des von Fieberphantasien gequälten Kindes vermittelt wird. Dabei springt auf dem Höhepunkt des Geschehens die Angst des Kindes auch auf den Vater über: „Dem Vater grauset's". In diesem Fall besteht keine Verbindung zwischen geschilderter Außenrealität und Angstentstehung. Im Gegenteil, der Vater „hat den Knaben wohl in dem Arm, er faßt ihn sicher, er hält ihn warm". Wir müssen schlußfolgern, daß die Angst von der Krankheit des Knaben (seinen Fieberphantasien) herrührt, die den Vater zu so ungewöhnlicher Stunde („so spät" in „Nacht und Wind") zu diesem Ritt veranlaßten.

Hier sind es also Veränderungen im Körper (des Kindes), die Fieberphantasien und Angst verursachen. Häufig sind es auch Umweltbedingungen, Naturereignisse (Erdbeben, Überschwemmungen, Gewitter) oder gesellschaftliche Zustände (schlechte Erziehungsmethoden, überhandnehmender Straßenverkehr und Verkehrsunfälle, ungenügende Sorge für Körpergeschädigte und alte Menschen usw.), die Angstempfindungen hervorrufen. Ja, es gibt kaum einen Gegenstand oder eine Situation – und mögen sie dem einen noch so harmlos erscheinen –, die nicht bei anderen Angst auszulösen vermögen.

In unserer Sprechstunde sehen wir häufig Patienten, die so intensiv unter Ängsten leiden, daß sich ihre Gedanken fast ständig darum drehen und sie kaum noch Freude am Leben empfinden. Sicherlich verspüren auch gesunde Menschen in schwierigen Situationen, z.B. vor riskanten beruflichen Anforderungen, wie Arbeiten in großer Höhe oder mit gefährlichen Substanzen, vor Flugzeugreisen, Prüfungen usw. eine gewisse Aufregung, ein Unbehagen bei dem Gedanken, es könnte irgend etwas schiefgehen. Unsere Patienten erleben vor derartigen Anforderungen Angst manchmal auch wie eine undefinierbare Bedrohung, die sie völlig überwältigt, so daß sie wie gelähmt sich ihrer Aufgabe gar nicht stellen können. Andere empfinden ähnlich unüberwindliche Ängste vor normalen ärztlichen oder zahnärztlichen Behandlungen, deren Notwendigkeit sie verstandesmäßig voll einsehen. Auch Ängste vor dem Verlust eines nahestehenden Menschen oder einer Körperfunktion, einem Schwächeanfall auf der Straße, im Fahrstuhl, in einer Menschenmenge usw. können ebenso wie Angst vor gewissen Tieren (Hunden, Katzen, Mäusen usw.) so übermächtig werden, daß der Patient nicht mehr seiner üblichen Arbeit nachgehen kann, ja daß in manchen Fällen sogar Angehörige deswegen zu Hause bleiben müssen. So wird Arbeitsleistung und Lebensqualität oft in hohem Maße beeinträchtigt.

Von frühester Kindheit an kämpft der Mensch gegen seine Angst, die seine Neugier, sein Begreifen, seinen Forschungsdrang hemmt. Weiterentwicklung und Reifung erfordern immer aufs neue die Überwindung der Angst vor dem Unbekannten, das Wagnis des Vordringens in neue Gebiete. Dabei empfindet jeder seine Angst ganz persönlich und nur ihm zugänglich. Doch gibt es Gemeinsamkeiten, die Angsterleben allgemein kennzeichnen. Dazu gehört z. B. die Empfindung einer Enge, eines Druckes auf dem Brustkorb, von dem der Name „Angst“ [angusta (lateinisch) = Enge] herkommt.

Angst
entsteht, wenn Sinnesorgane eine Gefahr in der Umwelt oder im Organismus signalisieren, z. B., wenn ein Mensch erkennt, daß seine Existenz bedroht, d. h., daß seine körperliche Unversehrtheit, seine gesellschaftliche Rolle, sein Selbstbewußtsein oder irgendeine andere bedeutsame Komponente seines gegenwärtigen Lebens angegriffen und verändert werden könnte. Die dabei ausgelösten nervalen Impulse werden zum Zentrum des Gehirns (an die sogenannte Formatio reticularis) weitergeleitet, wo sie komplexe physiologische Veränderungen – entsprechend dem „Streßsyndrom“ (der Belastungsreaktion) – hervorrufen. Diese physiologischen Veränderungen verursachen zusammen mit der subjektiven Deutung der Gefahr eine unangenehme Gefühlsempfindung, die eine Veränderung des Verhaltens bewirkt. Das kann z. B. dazu führen, daß das Gefahrenobjekt gemieden wird bzw. daß man vor ihm flieht; es kann aber auch Veranlassung sein, die Situation so zu verändern, daß sie nicht mehr gefährlich ist. So kann die Angst einen Menschen aktivieren oder auch (unter bestimmten Bedingungen) lähmen. Manche hielten eine Unterscheidung zwischen Angst und Furcht für wesentlich. Viele neuere Veröffentlichungen stimmen jedoch darin überein, daß diese Unterscheidungen weder wissenschaftlich exakt noch praktisch von Bedeutung sind. Schattierungen zeitweiliger Angstempfindungen werden ausgedrückt durch Worte wie: Sorge, Kummer, Argwohn, Bedenken, Bedrücktheit, Befangenheit, Beklemmung, Qual, Entsetzen, Schreck, Panik usw. Bezeichnungen wie „ängstlich“, „furchtsam“ usw. hingegen stehen für relativ dauerhafte Eigenschaften des Menschen. Derartige Persönlichkeitszüge sind vielfach Ausdruck besonderer Empfindsamkeit und Beeindruckbarkeit für ängstigendes Geschehen; so werden Situationen als Bedrohung empfunden, auch wenn eine Gefährdung objektiv nicht besteht.

Damit gehen oft Herzrasen und Atembeklemmung einher, innere Unruhe und vor allem die sehr unangenehme Empfindung einer drohenden Gefahr. Häufig treten auch plötzliches Hitzegefühl oder kalter Schweiß, Kaltwerden der Finger, Zittern der Hände usw. auf.

Während bei heftiger, panikartiger Angst klare Überlegungen meist nicht möglich sind, regen leichte bis mittlere Angstgrade beim gesunden Erwachsenen die Denktätigkeit an. Es lassen sich dabei zwei Gedankenrichtungen unterscheiden: Entweder man konzentriert sich mehr auf die Gefahrenquelle und sucht nach Wegen, sie zu beseitigen, oder das Denken ist stärker auf die eigene Person gerichtet, wobei es sich vorwiegend auf mögliche Folgen für das eigene Ansehen, Auswirkungen auf zwischenmenschliche Beziehungen bzw. auf Vorgänge, die im eigenen Körper ablaufen, einstellt. Anders beim Kind: Das Denken ist hier noch nicht so fest in die Verhaltenssteuerung eingebaut. Angst wird fast durchweg noch mit impulsiven Handlungen beantwortet. Das Verhalten der Eltern, Lehrer und Mitschüler führt nach und nach zu wachsender Hemmung des impulsiven Verhaltens und stärkerer Einbeziehung des Denkens, vorausgesetzt, daß sie impulsives und dramatisierendes Verhalten nicht belohnen und so verstärken. In Ausnahmesituationen und bei übermäßig starken Ängsten kann es auch beim Erwachsenen zu impulsiven und reflektorischen Reaktionen kommen, bevor der Denkprozeß wirksam wird. Man spricht dann von einer Affekthandlung.

Im großen und ganzen geht mit der Reifung eine Beherrschung vieler Kindheitsängste und unangemessener Befürchtungen einher. Immer besser gelingt es, die Angst wirklichkeitsbezogen, d. h. den tatsächlichen Gefahren entsprechend, zu verarbeiten. In diesem Zusammenhang läßt sich das Bild abrunden, indem wir die positiven Seiten der Angst erwähnen. Die Erkenntnis, daß eine Gefahr droht, kann dazu führen, daß Menschen unerhörte Kräfte entwickeln und Fähigkeiten sondergleichen entfalten. So kann kontrollierte Angst aktivieren und das Denken anregen. Der Volksmund sagt dazu: „Not macht erfinderisch". Morgenstern hat diesen Prozeß humorvoll so beschrieben:

Das Butterbrotpapier

Ein Butterbrotpapier im Wald, –
da es beschneit wird, fühlt sich kalt . . .
In seiner Angst, wiewohl es nie
an Denken vorher irgendwie
gedacht, natürlich, als ein Ding
aus Lumpen usw., fing,
aus Angst, sagte ich, fing an
zu denken, fing, hob an, begann
zu denken, denkt euch, was das heißt,
bekam (aus Angst, so sagt ich) – Geist,
und zwar, versteht sich, nicht bloß so
vom Himmel droben irgendwo,
vielmehr infolge einer ganz
exakt entstandnen Hirnsubstanz –
die aus Holz, Eiweiß, Mehl und Schmer,
(durch Angst) mit Überspringen der
sonst üblichen Weltalter, an
ihm Boden und Gefäß gewann –
[(mit Überspringung) in und an
ihm Boden und Gefäß gewann].
Mit Hilfe dieser Hilfe nun
entschloß sich das Papier zum Tun, –
zum Leben, zum – gleichviel, es fing
zu gehn an – wie ein Schmetterling . . .
zu kriechen erst, zu fliegen drauf,
bis übers Unterholz hinauf,
dann über die Chaussee und quer
und kreuz und links und hin und her –
wie eben solch ein Tier zur Welt
(je nach dem Wind) (und sonst) sich stellt.

Hier müssen wir nun das Butterbrotpapier seinem furchtbaren, ihm von Morgenstern vorbestimmten

Schicksal überlassen. Immerhin hat er uns unvergleichlich (und unvergeßlich?) klar gemacht, daß die Angst Denken anregen kann.

Aber die Angst kann auch Übereifer bremsen, uns vor Gefahren bewahren. Angst vor Strafe hält das Kleinkind zurück, daß es nicht auf die verkehrsreiche Straße läuft, und schreckt es ab, mit Feuer zu spielen. Auch den Erwachsenen hält die Angst vor Unbesonnenheit und Gefährdung zurück. So kann die Angst sowohl antreiben als auch bremsen. Ein Beispiel möge das illustrieren: Auf einem Bahnhof kommen besonders an Montagen Reisende oft in der letzten Minute atemlos angelaufen. Aufgeregt stellen sie fest, daß der Zug auf Gleis drei, der sie gerade noch rechtzeitig um 7.30 Uhr in die Kreisstadt bringt, schon abfahrbereit ist. Voller Angst, den Zug zu verpassen, spielen sie mit dem Gedanken, schnell über die Gleise zu rennen, statt den längeren Weg durch die Unterführung zu nehmen. Doch Angst hält sie von diesem gefahrvollen Unternehmen zurück. So treibt sie die Angst zur Eile an (sie kommen atemlos angelaufen), andererseits hält sie die Eiligen vom gefährlichen Betreten der Schienenwege ab.

Eine Besonderheit sei hier noch erwähnt. Angst, wie die Gefühle überhaupt, ist eine unmittelbare Augenblicksreaktion des ganzen Menschen. Im Unterschied zu anderen geistigen Vorgängen, wie etwa der Vorstellung, dem Denken, dem Wollen, kann man Angst nicht direkt in der Erinnerung wieder herbeirufen. Das gelingt nur, wenn wir uns etwa die Vorstellung der beängstigenden Situation als Vermittler wieder in Erinnerung rufen, aber selbst dann erleben wir nur ein verändertes, meist stark abgeschwächtes Abbild der ursprünglichen Angst. Das führt dazu, daß Menschen eine erfolgreich überstandene Angst meist schnell vergessen, wenn nicht besondere Umstände vorliegen. Wenn wir Sie, lieber Leser, fragen würden, welche Angst Sie am nachhaltigsten beeindruckte, werden Sie wahrscheinlich zunächst kaum eine Antwort parat haben. Erst wenn Sie die einzelnen Etappen Ihres Lebens nochmals gedanklich vorbeiziehen lassen, werden Sie sich an bedrohliche Situationen erinnern. Das Gefühl unmittelbarer Bedrohung aber kommt kaum noch auf, die Angstempfindung ist verblaßt. Diese Tatsache ist aus mehreren Gründen bedeutsam. Einmal bietet sie einen Ansatzpunkt für therapeutische Angstbewältigung, zum anderen ist sie gesellschaftspolitisch von Bedeutung. Wir werden an anderer Stelle ausführlich darauf eingehen.

Im „Maschinenraum" des Seelenlebens

Haben wir uns in den vorigen Abschnitten mit dem Angst*erleben* befaßt, so wollen wir nun kurz umreißen, wie es zustande kommt. Ganz grob kann man im menschlichen Gehirn (abgesehen vom Kleinhirn, das uns in diesem Zusammenhang weniger interessiert) zwischen der Großhirnrinde und den tiefer liegenden Hirnabschnitten (Limbisches System, Hypothalamus und Formatio reticularis usw.) unterscheiden. In der Großhirnrinde werden Informationen gedanklich verarbeitet, während in den tieferliegenden Schichten die lebenserhaltende Koordination innerorganismischer Vorgänge gesteuert wird. Alle diese Hirnabschnitte sind durch zahllose Nervenzellen aufs engste verbunden. Dadurch ist eine ständige Wechselwirkung und hochgradige Integration der organismischen Reaktion gewährleistet, die von außen kommende Anforderungen und innere Bedürfnisse des Organismus miteinander abstimmt. (Hier können wir nur einen kurzen Überblick über diese Vorgänge vermitteln. Eine detailliertere Beschreibung findet der Leser in K. Scheuch und G. Schreinicke: Stress, Gedanken, Theorien, Probleme. VEB Verlag Volk und Gesundheit Berlin 1986.) Wenn wir eine Bedrohung empfinden, d. h., wenn unsere Sinnesorgane, z. B. Auge, Ohr, Nase oder auch Nervenendigungen in der Haut, Sinnesreize aufnehmen, die von einer Gefahrenquelle ausgehen, dann werden diese Nervenimpulse einerseits zur Hirnrinde weitergeleitet, wo sie analysiert und verarbeitet, d. h. mit Erinnerungen verglichen und gedeutet, werden und wo möglicherweise auch schon Bewältigungsstrategien und Verhaltensziele ins Auge gefaßt werden. Andererseits gelangen diese Nervenimpulse gleichzeitig über Nervenabzweigungen an die unterhalb der Hirnrinde liegenden Strukturen, die sich auch unter der Bezeichnung limbisch-retikulärer Komplex zusammenfassen lassen. Je nach der Intensität der Nervenimpulse gehen von hier unspezifische Aktivierungsimpulse aus, sogenannte Weckreize an die Hirnrinde, die deren Empfindlichkeit oft beträchtlich erhöhen.

Von dem limbisch-retikulären Komplex kann aber auch der ganze Organismus für maximale Energiebereitstellung mobilisiert werden. Diese Generalmobilisierung kann sowohl unmittelbar nach Eintreffen der Impulse von den Sinnesorganen als auch erst nach der Meldung des Ergebnisses ihrer gedanklichen Verarbeitung (in der durch Weckimpulse aktivierten Hirnrinde) erfolgen.

Es wird der eine Teil des vegetativen Nervensystems, der Sympathicus – der in Wechselwirkung mit dem anderen Teil, dem Parasympathicus, die Tätigkeit der inneren Organe steuert und aufeinander abstimmt –, so stimuliert, daß durch die von ihm angeregten Vorgänge die Energiereserven des Körpers mobilisiert werden. Durch die vom Gehirn, hauptsächlich dem Hypothalamus, ausgehende Stimulation der „Meisterdrüse" (Hypophyse) werden auch die anderen Hormondrüsen zur Produktion ihrer Wirkstoffe angeregt; die Nebennierenrinde zur Produktion der Glucocorticoide, das Nebennierenmark zur Produktion von Adrenalin und Noradrenalin und die Schilddrüse zur Produktion des Thyroxins. Alle diese und andere Hormone mobilisieren die Energiereserven des Organismus und erhöhen seine Aktionsbereitschaft.

Wie sich der Bedrohte verhält, ob er flieht oder angreift, das hängt von seiner Informationsverarbeitung ab, die wiederum die Ausschüttung der beiden Hormone des Nebennierenmarks beeinflußt. Das Verhältnis dieser Hormone, Adrenalin und Noradrenalin, ist diesbezüglich von Bedeutung. Ist mehr Noradrenalin vorhanden, wird der Angriff bevorzugt (man spricht vom „Hormon des Löwen"), wird mehr Adrenalin produziert, ist die Flucht wahrscheinlicher („Hormon des Hasen"). Dieser ganze Komplex aufeinander genau abgestimmter Veränderungen im Körper wurde zuerst von Cannon als Notfallreaktion erkannt und später ausführlicher unter der Bezeichnung Streßsyndrom (Belastungsreaktion) von Selye untersucht und beschrieben.

Tatsächlich haben wir es dabei mit einer massiven Umstellung des Organismus auf höchste Leistung zu tun. Es ist gleichsam, wie wenn an Bord eines Schiffes das Kommando „Gefechtsalarm" gegeben wird. Das verändert mit einem Schlage das ganze Treiben auf dem Schiff. Alles wird nur noch dem Ziel unterstellt, herauszuholen, was möglich ist. Die Ruheschicht wird geweckt und rennt an ihre Einsatzplätze. Der Koch und seine Leute löschen die Kochkessel, legen die weißen Schürzen ab und eilen auf die Stationen, wo sie dringender gebraucht werden als beim Zubereiten eines Essens, für das jetzt sowieso niemand Zeit hat. Nur die Maschinisten, einschließlich ihrer Ruheschicht, bleiben unter Deck, sie sorgen dafür, daß die Motoren Höchstleistung bringen. So ähnlich müssen wir uns die Umstellung im Körper bei Angst vorstellen. Auch hier wird durch die Aktion des vegetativen Nervensystems und der Hormone die Nahrungszufuhr gestoppt. Der Appetit vergeht. Magen- und Darmtätigkeit werden weitgehend stillgelegt. Sexualbedürfnisse verschwinden und das Blut wird so umverteilt, daß die Organe, die zur unmittelbaren Gefahrenabwehr – Flucht oder Angriff – am dringendsten gebraucht werden, d. h. Gehirn, Herz, Muskeln und Lunge, mit zusätzlicher Energie versorgt werden. Gleichzeitig werden Atmung und Herzschlag beschleunigt und vertieft, der Blutdruck erhöht und die Zusammensetzung des Blutes so verändert, daß es mehr Sauerstoff in der gleichen Zeiteinheit transportieren und außerdem noch beschleunigt auf eine etwaige Verletzung reagieren kann, d.-h. imstande ist, schneller zu gerinnen und eine Wunde zu schließen, und besser gewappnet ist, um Eindringlinge zu bekämpfen. Diese schlagartige ineinandergreifende Gesamtumstellung des Organismus wirkt wie ein Schock und ruft im Zusammenhang mit dem bereits geschilderten intensiven Erleben der Bedrohung starke negative Affekte hervor, die in spezifischem Ausdrucksverhalten, wie Zusammenziehen der Gesichtsmuskeln (zum typischen Angstausdruck), Rötung oder Erbleichen der Gesichtshaut, Schweißtropfen auf der Stirn usw. auch für den Beobachter erkennbar sind. Naturgemäß kann der menschliche Körper einen derartigen Streßzustand nur gewisse Zeit aufrechterhalten, dann werden die Reserven nach und nach aufgebraucht, da keine neue Nahrung aufgenommen wird und keine Erholung möglich ist. Es treten Störungen auf, die jedoch an anderer Stelle besprochen werden sollen.

Ausdrucksbewegungen
(in neuerer Zeit auch Körpersprache genannt) sind Ausdruck von Gefühlen, die zugleich als gesellschaftliche Kommunikation und zur Regulierung des Verhaltens anderer dienen können. Da sie entwicklungsmäßig viel früher als die Sprache entstanden, sind Ausdrucksbewegungen willentlich weniger beeinflußbar. Wenn wir z. B. Abneigung oder Verärgerung hinter höflichen oder gar freundlichen Worten verstecken wollen, verraten häufig Gesichtsausdruck, Körperhaltung und Handbewegungen dem aufmerksamen Beobachter die wahren Empfindungen.

Mit versteckter Kamera

Haben wir bisher hauptsächlich die im Körperinneren ablaufenden Angstreaktionen behandelt, wobei wir den

Angstausdruck nur kurz streiften, so wollen wir jetzt sehen, wie Angst unser Verhalten beeinflußt. Was würden wir sehen, wenn wir imstande wären, einen Menschen, der gerade starke Angst erlebt, mit versteckter Kamera zu filmen? Im ersten Moment sähen wir ein Schreck-Überraschungs-Verhalten. Es ist gewissermaßen, als ob das Unglück „wie ein Hammer" einwirkt, etwas geduckt, mit gespannten Muskeln wird es hingenommen. In diesem Moment entscheidet sich, ob das folgende Verhalten blind und impulsiv von primitiven Trieben gesteuert wird oder ob es mittels analytischen Denkens gelingt, die Situation zu begreifen und eine günstigere Lösung zu finden. In jedem Fall gibt es nur eine begrenzte Zahl von Verhaltensweisen in der angstauslösenden Gefahr: Man kann vor der Bedrohung fliehen oder versuchen, sie zu vermeiden oder zu umgehen, kann sich von ihr überrollen lassen (indem man sich totstellt oder sich ihr völlig unterwirft), und man kann schließlich auch versuchen, die Gefahrenquelle auszuschalten, unschädlich zu machen oder zu vernichten, indem man sie angreift, ablenkt oder zersetzt. Wenn beispielsweise ein abendlicher Spaziergänger sich plötzlich einer Gruppe von Rowdys gegenübersieht, die ihn bedrohen, so kann er versuchen zu fliehen – wir haben das alles schon im Krimi gesehen –, er kann kämpfen, oder er kann versuchen, die Angreifer zu verwirren, indem er etwas völlig Unerwartetes tut, z. B. sinnlose Sätze sagt, einen Witz macht, sich als Napoleon vorstellt usw.

Gerade weil das Verhalten der einzige nach außen sichtbare Teil unseres Erlebens, ja unserer Persönlichkeit ist, bildet es die Grundlage für eine Beurteilung durch andere. Wie man sich in Gefahren verhält, ihnen entgegentritt oder sich ihnen unterwirft, beeinflußt, ja bestimmt zuweilen die Rolle des einzelnen in der Primärgruppe (Familie, Schulklasse, Arbeitskollektiv). Umgekehrt spielt allerdings auch die Stellung, die jemand in der Primärgruppe einnimmt (ob er z. B. Hauptverantwortlicher oder passiver Mitläufer ist), eine wich-

Frans Masereel, Holzschnitt aus „Von Schwarz zu Weiß“ (1939)

tige Rolle bei der Konfrontation mit Ängsten. Das Vertrauen einer Gruppe in einen Leiter kann dessen eigenes Selbstbewußtsein und damit seine Fähigkeit, Ängste zu überwinden, beträchtlich stärken.

In Film und Fernsehen können wir oft sehen, wie sich Menschen in Angstsituationen verhalten. Wir beobachten, wie die Angst ihre Kräfte vervielfacht, Wahrnehmung und Konzentration verstärkt, so daß sie imstande sind, Leistungen zu vollbringen, die sie sich selber normalerweise gar nicht zutrauen würden. Gelegentlich sieht man allerdings auch, wie jemand vor einer übermächtigen Bedrohung „zu keiner Regung fähig“ ist und wie gelähmt das Unheil erwartet.

Die enge Verflechtung von innerorganismischen, insbesondere neurophysiologischen Vorgängen, gedanklicher Informationsverarbeitung, Gefühlsempfindungen und nach außen sichtbaren Verhaltensweisen läßt sich heute mit elektronisch-biomedizinischen Apparaturen immer genauer ermitteln. Für den Kliniker spielt darüber hinaus die Beurteilung der Verknüpfung dieser Angstkomponenten mit tatsächlichen oder vorgestellten Angstursachen eine wichtige Rolle.

Wechselbeziehungen

Jeder Mensch verspürt in erster Linie seine eigene Angst. Das Angstgefühl ist, wie wir schon sagten, unmittelbar an die entsprechenden organismischen Vorgänge gebunden. Es gibt keine vom Organismus getrennte Angst. Allerdings kann die Angst einer einzelnen Person einen mehr oder minder großen Einfluß auf Menschen der Umgebung ausüben. Am deutlichsten sehen wir das beim kleinen Kind, das, von der Angst der Mutter berührt, ebenfalls ängstlich reagiert. So kann es geschehen, wenn zahlreiche Menschen von Angst vor einer Gefahr erfaßt werden, daß sie ihre Ängste gegenseitig verstärken. Unter solchen Umständen wird die Angst zu einer „materiellen Gewalt“, wie sie uns in der Massenpanik entgegentritt. Sie kann unter Umständen strategische Vorteile und Überlegenheit der Bewaffnung zunichte machen. Die schriftlich überlieferte Geschichte zeigt uns bis in die heutige Zeit viele Beispiele dafür, wie Herrschende ihre Untertanen unter ständiger Androhung schwerster Strafen in einem permanenten Angstzustand hielten und sie so manipulieren konnten, um ihre eigene Macht und Geltung zu vergrößern.

Viele Großbauwerke der Antike, zu deren Errichtung Tausende abhängige oder versklavte Arbeiter ihre Kräfte aufwenden mußten, um den Ruhm ihrer Bauherren zu verewigen, sind ohne Angst vor brutalen Strafen nicht vorstellbar. Die Galeeren des Altertums, die die Zeitgenossen in Erstaunen versetzten, weil die riesigen Schlachtschiffe die Meere mit einer damals kaum vorstellbaren Geschwindigkeit durchfuhren, wurden angetrieben von den muskulösen Armen Hunderter Sklaven, die aus Angst vor ständig drohenden Peitschenhieben in schnellem vorgegebenem Rhythmus die riesigen Ruder bewegten. Viele große Kulturen des Altertums beruhten auf der Arbeit von Sklaven. Die Feudalgesellschaft lebte von der Arbeit unfreier Bauern und Knechte, die die Angst im Joche hielt. Angst vor gesellschaftlichem Abstieg, Arbeitslosigkeit, Einsamkeit und Elend ist eine Begleiterscheinung kapitalistischer Gesellschaftsentwicklung. Lähmende Angst zu verbreiten ist eines der erklärten Ziele jeder Kriegsführung.

Das ist dennoch nur die eine Seite der in der Menschheitsgeschichte wirksamen Kräfte. Auf der *anderen Seite* wird Fühlen und Denken des Menschen in hohem Maße geformt von den historisch gewachsenen gesellschaftlichen Bedingungen und Normen, wie sie ihm zuerst in seiner familiären Umgebung und später bei der Arbeit usw. zu Bewußtsein kommen. Dementsprechend spiegeln sich in seinem Denken und Handeln die entscheidenden Grundwidersprüche der zeitgenössischen Art zu arbeiten und zu leben wider. So ist es zu verstehen, daß die Beherrschten immer wieder die Kraft fanden und finden, ihre individuellen Ängste zu überwinden, um die geschichtlich entstandenen Widersprüche durch vorwärtstreibende Gewalt aufzuheben.

Vom Werden der Angst

Angst, wie alles Geschehen in Natur und Gesellschaft, kann nur vollständig verstanden werden, wenn wir das augenblickliche Geschehen in seinem Gewordensein, seiner oft widerspruchsvollen Entwicklung begreifen. Dabei ist es sehr aufschlußreich, die Entstehung von Angstvorläufern und angstähnlichen Empfindungen im Tierreich zu verfolgen.

Spüren und Vermeiden von Gefahren

Eine biologische Funktion der Angst ist es, Gefahr abzuwehren bzw. zu vermeiden. Die Tendenz, Gefahren zu vermeiden, finden wir bei allen heute existierenden Lebewesen; ja wir können feststellen, daß sie die Tatsache ihres Überlebens der Fähigkeit verdanken, sich von schädigenden oder lebensgefährdenden Situationen fernzuhalten. Wer sich nicht fürchtet, nicht vor Feinden flüchtet, ist im Kampf ums Dasein verloren, wie z. B. der Pakarana, ein murmeltiergroßes südamerikanisches Nagetier. Trotz kräftiger Beine flüchtet er nicht, noch verwendet er sein starkes Gebiß zur Abwehr. Die Einwohner konnten ihn daher ohne Mühe aufnehmen und verzehren. Der Pakarana gehört heute zu den größten Museumsraritäten und ist lebend nur noch im Tierpark von Philadelphia zu sehen.

Verfolgen wir, wie die Fähigkeit, sich Gefahren zu entziehen, bei der Höherentwicklung der Tierarten Veränderungen erfährt. Schon einzellige Lebewesen zeigen die Tendenz, sich im Wasser von schädlichen Reizintensitäten, wie zu großer Kälte, Wärme, Verunreinigungen usw. fort – und auf lebensbegünstigende Reize – z. B. Nahrung – hinzubewegen. Die schädlichen

Reize müssen allerdings die Zelle schon unmittelbar umspülen, bevor eine verhältnismäßig langsame Fluchtbewegung der Zelle einsetzt. So ist hier die Gefahrenvermeidung, wenn auch schon vorhanden, doch nur sehr schwach entwickelt. Millionen Einzeller gehen ständig zugrunde. Aber immerhin lösen bereits auf diesem relativ niedrigen Entwicklungsniveau der Lebewesen abstoßende (aversive) Situationen Abwendung oder Meidung, anziehende (attraktive) Situationen dagegen Zuwendungs- oder Annäherungsverhalten aus.

Bei der Höherentwicklung der Arten entstehen mit der Herausbildung besserer und spezialisierterer Informationsaufnahme- und -verarbeitungsorgane Möglichkeiten zu wirksamer und differenzierter Anpassung an die Umwelt. Insbesondere die Herausbildung von Sinnesorganen (Augen, Nase, Ohren usw., die imstande sind, Gefahren schon aus der Entfernung zu erkennen und nicht erst, wenn sie den Körper bereits berühren) und die Entwicklung immer leistungsfähigerer Signalverarbeitungs- und Koordinierungsorgane (neben dem innerorganismischen Flüssigkeitssystem bildet sich zunächst ein einfaches Nervennetz und in den höher entwickelten Tieren ein immer besser die Außenwelt widerspiegelndes komplexes Nervensystem) erlauben es, Gefahren schon frühzeitig wahrzunehmen und erfolgversprechende Maßnahmen rechtzeitig einzuleiten.

Starre Gefahrenanzeige: Feuermeldersystem

Ohne im einzelnen auf die unendlich vielen und erstaunlichen Veränderungen eingehen zu können, die im Laufe der Höherentwicklung der Arten auftreten, ist es wichtig, auf einige größere Entwicklungssprünge oder Qualitätsveränderungen der Gefahrenabwehr hinzuweisen. Niedere Lebewesen (z. B: Maden, Würmer usw.), die kaum die Möglichkeit besitzen, Gefahren aus der Entfernung wahrzunehmen, verfügen schon über ein Nervennetz. Es dient dazu, das Zusammenwirken der Bewegungsorgane so aufeinander abzustimmen, daß sie wirkungsvoll funktionieren. Wenn ein Schädigungsreiz von irgendeiner Stelle des Organismus an das Nervennetz gelangt, werden alle Bewegungsorgane so mobilisiert, daß sich das Tier möglichst schnell von der Gefahr wegbewegt. (Auf die Bedeutung der Entwicklung der Beweglichkeit soll hier noch nicht eingegangen werden.) Das geschieht unvermeidlich und unabänderlich mit der gleichen Starrheit, mit der früher, als noch kein Telefon in den Feuermeldern eingebaut war, das Drücken des Knopfes die Sirene im Löschhaus auslöste und den Löschzug zum Feuermelder in Bewegung setzte.

Bei Fischen, Amphibien (Fröschen, Kröten, Lurchen usw.) und Reptilien (Schlangen, Eidechsen usw.) sehen wir bereits eine Weiterentwicklung. Nicht nur gibt es jetzt schon Sinnesorgane, die imstande sind, Signale aus der Entfernung wahrzunehmen (Augen, Hörorgane usw.), wir finden auch schon ein Nervensystem, das es ermöglicht, die ankommenden Signale zu verarbeiten. Tatsächlich gibt es sogar schon erste Anzeichen einer Lernfähigkeit, d. h., das Tier kann lernen, ein Signal, z. B. einen bestimmten Ton, der mehrmals einer Gefahr vorausging, als Anzeichen der Gefahr zu erfassen und zu fliehen oder ein anderes Signal als Ankündigung der Nahrung zu erkennen und sich zu nähern. Das sind aber bei diesen Tieren eher Ausnahmen. Starre, angeborene Verhaltensweisen behalten bei weitem noch die Oberhand. So verhält sich z. B. ein Buchfinkenküken, das dabei ist, die Eihülle, die es umgibt, aufzubrechen, sofort bewegungslos, wenn der Warnruf des Buchfinkenmännchens hörbar wird. Ein dreißig Tage altes Buchfinkenküken zeigt beim Anblick einer Eule bereits das gesamte Furchtverhalten des erwachsenen Tieres. Vorausgesetzt, daß die Umwelt im großen und ganzen unverändert bleibt, erfüllen diese Verhaltensweisen im wesentlichen ihren Zweck, die Art zu erhalten. Treten aber größere Veränderungen auf, so können sie sich für die betreffende Tierart, die nicht die Möglichkeit hat, sich elastisch den Umweltbedingungen anzupassen, katastrophal auswirken, wie es das Aussterben zahlreicher Tierarten in der Vergangenheit zeigt.

Ein „Computer“, der lernt und fühlt

Bei höher entwickelten Tieren, insbesondere den Säugetieren, wird das Verhalten mehr und mehr von Nervenprozessen gesteuert, die veränderten Bedingungen besser Rechnung tragen können. Diese Tiere sind aufgrund der bei ihnen weiterentwickelten Hirnstrukturen in der Lage, neue Umstände zu analysieren, auszuwerten und Verhaltensweisen zu wählen, die den veränderten Verhältnissen besser entsprechen. Sie sind in der Lage, einmal gemachte Erfahrungen zu speichern und günstiges Verhalten zu erlernen. Der sowjetische Physiologe Pawlow, der diese Lernprozesse besonders sorgfältig erforschte, stellte fest, daß nicht nur die *erregenden* Nervenimpulse bei der Ausarbeitung neuer, für den Organismus günstiger Verhaltensweisen eine Rolle spielen, sondern auch *hemmende* Impulse, die es möglich machen, die direkte impulsive Verhaltensweise zurückzuhalten. Dabei wird nicht selten die entstehende Spannung auf Ausdrucksbewegungen (z. B. sogenannte Droh- bzw. Angstgesten, entsprechende mimische Veränderungen usw.) sowie auf „Übersprungbewegungen“ (Kopfkratzen, Nägelknabbern, Wippen mit den Füßen usw.) abgelenkt. Dadurch, daß Tiere auf dieser Stufe imstande sind, die unmittelbare spontane Reaktion zu bremsen, d. h. „sich zu beherrschen“ und nicht gleich loszustürmen in heilloser Flucht oder blindem Angriff, gewinnen sie die Möglichkeit, die aus der Umwelt kommenden Signale, die von den Sinnesorganen in Nervenimpulse verwandelt werden, besser, d. h. erfolgreicher, zu verarbeiten.

Gegenüber den niederen wirbellosen Tieren mit ihrem feuermelderähnlichen Nervenleitungssystem und den Fischen, Amphibien, Reptilien und Vögeln, die schon eine gewisse Lernfähigkeit in ihrer zentralnervösen Informationsverarbeitung aufweisen, besitzen die Säugetiere eine qualitativ viel höhere und wirkungsvollere Fähigkeit, die aufgenommenen Informationen auszuwerten und in entsprechende Verhaltensweisen umzusetzen. Vergegenwärtigen wir uns einmal, was z.B. für „Berechnungen" in Blitzesschnelle im Kopf eines Hundes ablaufen, den wir veranlassen, einen Holzstab wiederzubringen: Schon bevor der Stab unsere Hand verlassen hat, rennt der Hund los. Er hat bereits an dem Schwung, mit dem wir ausholten, die Richtung und etwaige Entfernung ersehen. Im Laufen vergewissert er sich, wo der Stock aufkommen wird, berechnet sein Tempo so, daß er selbst nicht getroffen wird und doch schon gleich zur Stelle ist, wenn der Stab aufschlägt. Eine Leistung, für die einem modernen Computer viele Daten eingegeben werden müßten. Tatsächlich werden im Gehirn die eingehenden Sinnesempfindungen verarbeitet und mit einer großen Zahl gespeicherter Erfahrungsdaten (Erinnerungen) verglichen. Dabei wird festgestellt, welche Bedeutung die Gesamtwahrnehmung für das Tier hat. Diese Feststellung bildet dann die Grundlage für die erste Entscheidung. (Wenn er ein Mensch wäre, würde er vielleicht denken: Lohnt es sich, nach dem Holz zu laufen? Was habe ich davon?) Ist diese Entscheidung gefällt, wird entschieden, wie schnell und wohin es laufen muß. Das alles vollzieht sich im Bruchteil von Sekunden. Aber selbst wenn das Tier bereits losrennt, beobachtet es ständig weiter, was geschieht und wie gut sein Verhalten den Gegebenheiten entspricht, um es notfalls sofort zu korrigieren.

Aus dem aufgezeigten Beispiel ist ersichtlich, daß ein derartig durch komplexe nervale Analysen gesteuertes Verhalten mehr Zeit (wenn auch nur Bruchteile von Sekunden) braucht als die direkte impulsive Reaktion. Der Nachteil einer solchen Verzögerung wird reichlich dadurch aufgewogen, daß die Tiere imstande sind, Umstände und Besonderheiten, die dem eigentlichen Geschehen vorangingen, wie die Wurfbewegungen, als

Signale zu begreifen. So können sie z. B. lernen, schon vor der Wahrnehmung des aufschlagenden Holzstabes rechtzeitig loszulaufen und so das Wiederherbeibringen zu beschleunigen. Je komplizierter und empfindlicher jedoch das Nervensystem ist, um so anfälliger ist es. Ein Beispiel: Ein Frettchen ist eine Iltisart, die sich dazu abrichten läßt, in die Gänge des Wildkaninchenbaues zu schlüpfen und die Kaninchen hinauszutreiben, so daß sie von einem Jäger abgeschossen werden können. Aber selbst wenn man die Kaninchen statt dessen nur in Netzen fängt und in einem Käfig hält, sterben sie innerhalb weniger Tage. Untersuchungen haben ergeben, daß diese Wildkaninchen an einem sogenannten Schreck-Basedow, einer irreparablen Schädigung der Schilddrüse, zugrunde gehen. Der Schweizer Biologe Hediger schreibt dazu:

„Dieses kleine Raubtier (das Frettchen) verbreitet einen derartigen Schrecken, ... eine solche Todesangst, daß die Kaninchen diese Situation nicht überstehen können. Die meisten zappeln in den Netzen und zeigen bald Lähmungserscheinungen, von denen sie sich nur vorübergehend erholen."

Die mit der Höherentwicklung des Nervensystems verbundene Verzögerung zwischen Wahrnehmung und Reaktion, die, wie wir sahen, der Informationsverarbeitung dient, hat aber noch eine weitere für unseren Gegenstand besonders wichtige Bedeutung. Sie begünstigt die Entwicklung und das Auftreten von Affekten. Die Lösung einer Aufgabe – der Erfolg dient als Bekräftigung – führt in Verbindung mit der physiologischen Spannung (Streßreaktion) zu einer positiven oder freudvollen Emotion. Bei neuerlichem Auftreten dieser oder ähnlicher Konstellationen wird die positive Emotion wieder verstärkt erlebt. Wird dagegen bei der Informationsverarbeitung die Situation als unlösbar oder gefährlich gedeutet, so entsteht im Zusammenhang mit dem physiologischen Streßzustand eine negative Emotion (z. B. Angst). Wir haben es hier gewissermaßen mit einer Pause im aktiven Verhalten zu tun, die dazu dient, eine Entscheidung über das weitere Verhalten zu fällen. Manchmal entsteht eine solche Pause allerdings auch durch einen unlösbaren Konflikt, z. B. durch entgegengesetzte Handlungsimpulse, wie wenn das Tier fressen will, aber gleichzeitig aus Angst vor einer damit verbundenen Gefahr nicht zu fressen wagt. Während der gesamte Körper in höchster Alarmbereitschaft bleibt, kann die übermäßige Anspannung auf das Ausdrucksverhalten überspringen.

Schule für Mäuse

Auf dieser Entwicklungsstufe lassen sich bereits deutlich unterschiedliche Situationen voneinander abgrenzen, die spezifische Ängste auslösen und entsprechend unterschiedliche Verhaltensweisen mit sich bringen. Gäbe es beispielsweise eine mit Ordnungssinn ausgestattete Mäusemutter, so würde sie ihren Mäusekindern erklären:

Es gibt drei wesentlich voneinander unterschiedliche Gefahrensituationen:

1. Lebensgefährdende Naturereignisse (Erdbeben, Überschwemmungen, Waldbrände usw.). Ihr erkennt sie meist schon vorher an der riesigen Aufregung aller Lebewesen. Die beste Rettungsaussicht ist, so weit wie möglich zu laufen.
2. Raubtiere (wie Katzen und Menschen, die uns fangen und töten). Ihr merkt ihr Kommen meist an der Aufregung von Vögeln, die uns wohlwollen. Beste Rettungschancen bestehen, wenn ihr so tief wie möglich in die Mauselöcher hinabkriecht.
3. Wenn ihr dem Papa oder anderen ihm vorgesetzten Mäusevätern nicht den notwendigen Respekt erweist. Schon bei den Vögeln und noch in weit höherem Maße bei uns Säugetieren bestehen streng einzuhaltende Rangstufen. Sie sind der Quell unseres geordneten Lebens, und wer sie verletzt, um den ist's geschehen, da hilft weder Weglaufen noch In-den-Bau-Verkriechen.

Dieses Beispiel von der Mäusemutter sollte die drei großen Gefahrengruppen und Angst auslösenden Konstellationen verdeutlichen, die im Leben der Säugetiere bedeutsam sind. Oft in der Forschung nur ungenügend berücksichtigt ist die Angst vor dem überlegenen Artgenossen, d. h. den auf der Rangstufe höheren Tieren. Sie ist gekennzeichnet durch ein ausgeprägtes Unterwerfungs- und Meidungsverhalten. Wie stark diese Angst sein kann, möge ein Beispiel illustrieren.

Angst vor dem „Boß"

Auf Grund einer größeren Untersuchung berichtet von Holst über eichhörnchengroße Tiere, die in Südostasien beheimatet sind, die Tupaja. Wenn in Gefangenschaft zwei Tupaja-Männchen in einen Käfig gesetzt werden, beginnen sie sofort miteinander zu kämpfen, bis eines der beiden Männchen – und das geschieht meist sehr schnell – als Sieger hervorgeht. Der Sieger kümmert sich nun kaum noch um den Verlierer. Der Unterlegene aber verkriecht sich so weit wie möglich vor dem Sieger und gibt bei jeder Annäherung ein gellendes Angstgeschrei von sich.

Besonders interessant aber ist folgende Erkenntnis: Werden beide Tiere nach dem Kampf durch ein Drahtgitter getrennt, so daß sie sich zwar noch sehen, sich aber nichts mehr anhaben können, so verfolgt der Unterlegene den Sieger mit seinen Blicken unaufhörlich in großer Erregung, verliert ständig an Körpergewicht, wird unfruchtbar und stirbt immer in wenigen Tagen.

Von Holst verweist auf ähnliche Befunde bei anderen Säugetieren (Affen, Kaninchen, Ratten, Mäusen) und stellt fest, daß je tiefer ein Individuum in der Gruppenhierarchie steht, je mehr Gruppenmitglieder es also zu beachten bzw. zu meiden hat, desto ausgeprägter sind die auftretenden Veränderungen. Die rangtiefsten Tiere sind in der Regel unfruchtbar, kümmern vor sich hin und sterben vorzeitig.

Heute wissen wir genau, durch welche Hirnstrukturen dominantes Verhalten angeregt bzw. gehemmt wird. Durch elektrische Reizung dieser Hirnstrukturen z. B. bei Affen kann sowohl die Dominanz des Herrschertieres als auch das soziale Verhalten der Gruppe drastisch verändert werden. Ein Beispiel soll das illustrieren:

Normalerweise bewegt sich der „führende" Affe frei im Käfig, während die anderen Mitglieder der Gruppe mehr oder weniger auf ihre Ecke beschränkt bleiben. Auch beim Fressen hat „der Chef" Vorrang. Wird jedoch eine Stelle im Gehirn des Chefs (das Septum des Riechhirns) elektrisch gereizt, so zeigt sich unmittelbar ein Nachlassen des aggressiven Herrschertums dieses Tieres, das bald auch von den anderen Affen bemerkt wird, die jetzt „über die Stränge schlagen" und sich frei im Käfig bewegen, bis die Reizung nachläßt und der Chef wieder beginnt, sich durchzusetzen.

Zumeist werden die Auseinandersetzungen unter Artgenossen im Tierreich unblutig ausgetragen. Ist die Überlegenheit einmal etabliert, genügen meist schon Ausdrucksweisen des Überlegenen, um die Unterlegenen in Schach zu halten, die dann durch Angst- und Unterwerfungsgesten ihre Demut zeigen. Derartige Angstausdrucksformen konnten bei den höheren Säugetieren auch fotografisch ermittelt werden. So zeigte sich deutlich der Ausdruck der Angst im Gesicht des Schimpansen, in dem Buckel der Katze, den gesträubten Haaren des Hundes und dem Winseln dieser Tiere.

Ein solcher Angstzustand kann jedoch nur für kurze Zeit aufrechterhalten werden, soll der Organismus nicht Schaden erleiden. Denn naturgemäß werden nach relativ kurzer Zeit die Energiereserven verbraucht, ohne daß neue aufgebaut werden. Werden Sexualimpulse längere Zeit gestört, wie das bei Streß der Fall ist, so kann die Zeugungsfähigkeit darunter leiden. Wie tiefgreifend nicht nur eine direkte Bedrohung, sondern auch ein innerer Konflikt das Verhalten eines Tieres beeinflussen und krankhaft verändern kann, konnten neurophysiologische Untersuchungen zeigen. Masserman

Herr der Sippe, ein wahrer Macho!

z. B. brachte Katzen in eine schwierige Situation. Sie erhielten eine Belohnung für die Bedienung bestimmter Schalter, die im Käfig angebracht waren. Nachdem sie das gut gelernt hatten, erhielten sie einen Stromstoß, sobald sie die verdiente Nahrung aufnehmen wollten. Nur einige Stromstöße genügten, um einen neurotischen Zustand herbeizuführen ähnlich dem, den Pawlows Hunde gezeigt hatten. Übrigens hatte Masserman seinen Katzen vor den Experimenten die Wahl zwischen gewöhnlicher Milch und einem Milch-Alkohol-Gemisch gelassen. Solange sie normal funktionierten, hatten sie stets die Milch getrunken und die Milch-Alkohol-Mischung gemieden. Nachdem ihr Verhalten gestört war, bevorzugten sie die Milch-Alkohol-Mischung.

Und höher und höher und höher!

In unserer bisherigen Darstellung haben wir uns weitgehend darauf beschränkt, anzumerken, wie die Entwicklung im Tierreich durch die Verbesserung der Sinnesorganc und die Vervollkommnung der nervlichen Strukturen gefördert wurde. Es bleibt nachzutragen, daß auch die unaufhörliche Weiterentwicklung des Bewegungsapparates – Arme, Beine usw. – eine zunehmende Vervollkommnung der Verhaltensweisen (in Gefahr) mit sich brachte. Wenn wir bedenken, wie langsam sich etwa Einzeller oder Würmer von der Gefahr zu entfernen vermögen, und das mit der Flucht der Gazelle oder des Rehs vergleichen, so ist der Fortschritt ohne weiteres deutlich. Von besonderer Bedeutung ist auch die Steigerung der Manipulationsfähigkeit durch die Entwicklung der Hand, die zunächst beim Affen ihren höchsten Stand erreicht. Die Hand ist dabei nicht nur Werkzeug, das dazu dient, die Nahrung aufzunehmen und Feinde zu bekämpfen. In steigendem Maße werden durch die Hand neue Eindrücke, Nervenimpulse an die Nervenzentrale weitergegeben, die dazu beitragen, die Welt richtig zu „begreifen". Diese ganze Entwicklung läßt noch einmal einen gewaltigen qualitativen Sprung erkennen, als der Homo sapiens – in Gestalt unseres primitiven Vorfahren – die Weltbühne betritt. Insbesondere die weitere Differenzierung des Gehirns und die Herausbildung des der Hand gegenüberstellbaren Daumens eröffnen einzigartige neue Möglichkeiten des Begreifens und Gestaltens.

Und dann kam Er (bzw. Sie)

Die vielfältigen „Spitzenleistungen“ in der körperlich-geistigen Ausstattung unserer Urahnen ermöglichten ihnen erste Erfindungen. Sicherlich hatten auch die Affen schon gelegentlich einen Stock zur Bewegung eines Steines eingesetzt, aber die Entdeckung und Nutzbarmachung des Hebels, des Steinkeils und schließlich des Feuers, das waren Erfindungen von revolutionärem Ausmaß. Sie erweiterten den Wirkungskreis und die Kraft der menschlichen Horde um ein Vielfaches und erhöhten vor allem die Bedeutung der Gemeinschaftsbeziehungen. Aus dem auch bei anderen höheren Säugetieren vorkommenden gelegentlichen Zusammenwirken bei der Verteidigung gegen Raubtiere konnten – dank der Werkzeuge – gemeinsame Unternehmen zur Umweltgestaltung, zum Nahrungserwerb usw., kurz gesagt, die Anfänge der Arbeit werden. Dabei wurde die schon bei den höheren Tieren in Ansätzen vorhandene Mitteilungsfähigkeit zur artikulierten und mit Begriffen operierenden Sprache entwickelt. Kooperative Arbeit und sprachliche Verständigung bildeten nun ihrerseits die Grundlage für die ständige Weiterentwicklung des Denkens, das zunächst lediglich als laute, dann als verinnerlichte Sprache entstand.

Diese immer neu ineinander greifenden Wechselbeziehungen der weiteren Verbesserung von Arbeit, Sprache, Denken, handwerklichem Können und Herstellung von Werkzeugen intensivierten auch die Beziehungen in der Horde. Immer fester wurde der einzelne an die Horde gebunden, ja von ihr abhängig. Finden wir bei den höheren Säugetieren noch gelegentlich das Ausbrechen eines männlichen Tieres, das dann allein seinen Weg macht, so werden die gesellschaftlichen Beziehungen bei unseren Ururvätern so wesentlich, daß sie das Leben immer maßgeblicher bestimmen. Der Mensch ist zum gesellschaftlichen Tier geworden, er kann als Einzelwesen nicht mehr existieren. Die eigentliche Menschwerdung hat begonnen.

Vielleicht fragen Sie, lieber Leser, an dieser Stelle, was hat denn diese Entwicklungsgeschichte mit der Angst zu tun. Kommen wir hier nicht vom Thema ab? Bitte noch ein wenig Geduld, Sie werden gleich die Zusammenhänge erkennen.

Haben wir schon bei den höheren Tierarten eine strikte Rangordnung der einzelnen Tiere gesehen, die unter Umständen sogar auf Kosten der Gesundheit und der Zeugungsfähigkeit der auf den unteren Rangstufen stehenden Tiere durchgesetzt wird, so steigt die Bedeutung einheitlicher Leitung in der menschlichen Gruppe gerade auf Grund der wachsenden Gewichtigkeit der Arbeit. Das Bedürfnis nach Kooperation, einheitlichem Vorgehen, Zugehörigkeit und Gemeinschaftsgefühl wird lebenswichtig. Aus der Gemeinschaft ausgestoßen, isoliert zu werden bedeutet Untergang. Damit entsteht in der Entwicklungsgeschichte des Menschen eine neue Triebkraft: das Bedürfnis, Teil der Gruppe zu sein, als zugehörig anerkannt zu werden, oder negativ ausgedrückt, die Angst, isoliert, ausgestoßen zu sein. Dieses Motiv tritt in der Folge stärker in den Vordergrund.

Wie gesellschaftliche Entwicklungen Lebensweisen und Ängste verändern (Geschichtliche Entwicklung)

Veränderungen in der menschlichen Gesellschaft bringen Gefahren mit sich, die in hohem Maße Inhalt und Form der für die jeweilige geschichtliche Periode typischen Ängste bestimmen.

Wir sahen im vorigen Kapitel, wie sich Angst bei der Höherentwicklung der Tierarten mit der Erwartung bzw. Deutung einer Gefahrensituation herausbildet. Beim Menschen verschmelzen die Deutung einer Situation als Gefahrenquelle, die Wahrnehmung der inneren Erregung und sein Ausdrucksverhalten zu einer unangenehmen Gefühlsempfindung: der menschlichen Angst. Die auf diese Weise entstehende Emotion stellt einen negativen Antrieb dar, dessen Wirksamkeit bei mittleren Angstgraden vielfach am größten ist. Daß aus den wilden, in Horden lebenden Wesen, unseren Ururgroßeltern die Menschen der Gegenwart wurden, die in die Weite des Kosmos, die Tiefen des Meeres und die Geheimnisse der Atomstruktur und der Gene eindringen, Kunstwerke schaffen und nachempfinden, daran hat – leider bis in die Gegenwart – auch die Angst ihren Anteil gehabt. Bei vielem Schönen, das wir genießen, bei der Entstehung der Errungenschaften, die wir heute für selbstverständlich halten, mußten viel Blut und Tränen vergossen werden; all das wurde von Menschen geschaffen, die oft unter Ängsten und Qualen diese Werke schufen. Damit soll keineswegs die Bedeutung anderer Motive noch des Denkens und Planens unterschätzt werden, deren Einfluß maßgeblich mitbeteiligt war. Schon die ersten Werkzeuge des Menschen, sein

Steinkeil, das gezügelte Feuer, der Hebel, das Rad usw. forderten und förderten das Zusammenwirken der in der Horde Lebenden und entwickelte ihren Verstand. So begann jene eigenartige Kette, durch die die wechselseitige Förderung von Arbeitstätigkeit, Kooperation, Werkzeugentwicklung, Anregung der Verstandestätigkeit und Weiterentwicklung gesellschaftlicher Verhältnisse in immer schnelleren Touren anlief.

Unsere frühen Vorfahren

Die Urväter der Menschheit arbeiteten sich, in mehr oder weniger isolierten Gruppen lebend, graduell aus der extremen Naturgebundenheit heraus. Ihre Bedürfnisse, die sich über Millionen von Jahren langsam entwickelt hatten, erlangten spätestens nach der letzten großen Vereisung der Erde ihre entscheidende, menschheitsgeschichtliche Qualität. Es kam zur Erzeugung von Hilfsmitteln, durch die eine Befriedigung der unmittelbarsten Lebensbedürfnisse besser gewährleistet wurde. Damit entstanden zugleich die Grundlagen für die Herausbildung neuer Bedürfnisse. Menschliche Kultur begann sich Schritt für Schritt zu entfalten.

Die primitiven Werkzeuge und Geräte machten es zu Beginn der Menschheitsgeschichte notwendig, gemeinsame Anstrengungen zu unternehmen, um Schutz vor den Unbilden der Witterung und Lebensmittel im Vorrat zu erhalten. Dadurch ist jeder einzelne fest in die Verwandtschaftsgruppe eingebunden. Seine Beziehungen zu den anderen, gekennzeichnet durch gegenseitige Hilfe, sind Ausdruck gesellschaftlicher und wirtschaftlicher Gegebenheiten und Erfordernisse.

Menschliche Gruppen müssen vor allem die ihnen von außen drohenden Lebensgefahren abwehren. Auf Grund ungleichmäßiger ökonomisch-sozialer Entwicklungsbedingungen werden neben den Naturgefahren und den Raubtieren auch fremde, nichtverwandte Stämme zur Gefährdung. Alle diese Gefahren, deren

Ursachen den Menschen damals oft nicht verständlich waren, werden personifiziert, vergöttlicht, dämonisiert. Rituale sollen zur Stimulierung oder Besänftigung der überirdischen Mächte dienen. Sie tragen zu individueller und kollektiver Angstbewältigung bei. In den letzten 150 Jahren wurden Menschenstämme auf dieser Entwicklungsstufe in Australien, Asien und Afrika entdeckt.

Ein Aspekt, der unser Thema berührt, soll hier besonders hervorgehoben werden: Es hat den Anschein, als würden in diesem Entwicklungsstadium Menschen, die mit zeitweisen Führungsfunktionen betraut sind, der Angst weniger nachgeben als die von ihnen Geführten. Sie zeigen sich mutiger in der Gefahr, greifen Raubtiere beherzter an, kämpfen verbissener und haben anscheinend größere Ausdauer. Wir müssen uns daher fragen: Kann das Leiten von „Kollektiven“, die sich daraus ergebende Erwartungshaltung der Gruppe tatsächlich die Angstempfindlichkeit des Leiters verringern? Gewiß ist für die Anerkennung als Leiter unter anderem wichtig, daß der Betreffende bereits vorher sein Können unter Beweis gestellt haben muß. Dadurch wird, abgesehen von der bereits vorher erfolgten Auswahl der Mutigsten, natürlich subjektiv das Selbstbewußtsein bekräftigt und der Kampfgeist gestärkt. Aus experimentellen Untersuchungen wissen wir, welche Rolle diese Faktoren sogar schon beim Tier spielen. Beispielsweise erhielt von zwei Mäusen, die gelernt hatten, auf ein Signal schnell über eine Mäuserennbahn zu laufen, nur der Gewinner ein Stück Speck. Bei jedem weiteren Versuch fiel der Verlierer weiter zurück. Er gab sich gewissermaßen schon vorher geschlagen. Aus anderen Untersuchungen wissen wir aber auch, daß es möglich ist, Tiere, die in der Rangordnung an letzter Stelle stehen, durch Hormongaben an die Spitze der Rangordnung zu befördern. Sind wir da nicht auf Grund unseres gegenwärtigen Wissens berechtigt anzunehmen, daß erst recht beim Menschen das Gefühl der besonderen Verantwortung, des Erfolges, der Selbstsicherheit körpereigene Substanzen, wie z. B. die Endorphine, die eine angsthemmende Wirkung haben, in die Blutbahn freisetzt, eine Wirkung, die indirekt zur Erhöhung der Selbstsicherheit und Autorität des Leiters und dadurch zur Verstärkung des Geborgenheitsgefühls in der Gruppe führt?

Endorphine
(1975 erstmals nachgewiesen) sind chemische Substanzen, die in bestimmten nervlichen Strukturen gebildet werden und in die Blutbahn gelangen. Sie gehören zur Gruppe der Neuropeptide. Im Zentralnervensystem entfalten sie eine Wirkung, die dem Morphin ähnlich ist (daher auch der Name: Endomorphine, wurde zu Endorphine gekürzt). Sie führen bis zu einem gewissen Grade zu Schmerzherabsetzung und entfalten z. T. auch eine stimmungsverbessernde Wirkung. Die Endorphine stellen gegenwärtig einen bevorzugten Gegenstand der Forschung dar.

Herrschende und Beherrschte
(Der Mensch dem Menschen ein Wolf?)

Die Erfindung der Metallgewinnung und der Herstellung von Metallwerkzeugen, des Pfluges usw., bringt die großen gesellschaftlichen Arbeitsteilungen zwischen Viehzüchtern, Ackerbauern und Handwerkern (Schmieden, Gießern, Töpfern usw.) zustande, die dann in der Folgezeit zu ungleichen Besitzverhältnissen führen. Zugleich entstehen damit Möglichkeiten, andere Menschen auszunutzen, so daß man sich ihr Arbeitsprodukt aneignen kann (Häuptlinge und Medizinmänner). Kurz, die ökonomische Voraussetzung für die Klassengesellschaft entsteht. Von jetzt an werden Kriege, die früher hauptsächlich aus persönlicher Rache geführt wurden, zu regelrechten Raubkriegen, wie Marx und Engels feststellten. Für den Mittelmeerraum bricht um 870 vor unserer Zeitrechnung die Epoche der

Sklaverei an. Sie endet im 5. Jahrhundert unserer Zeitrechnung. Während dieser Zeit wird der größte Teil aller Lebensnotwendigkeiten in den kulturellen Zentren durch Sklaven erzeugt. Sklaven werden zu den unterschiedlichsten Arbeiten herangezogen, von den lebensgefährlichsten Knochenarbeiten bis zum Einsatz als Polizeitruppe, vom Lastenträger und Bergarbeiter bis zum Architekten, Ingenieur und Arzt. Ja, Sklaven müssen sich zur Belustigung ihrer Herrscher in großen Schaukämpfen gegenseitig umbringen oder in der Arena gegen wilde Tiere kämpfen, die sie zerfleischen. Es verbreitet sich die Angst, von einem Sklavenhändler geraubt und verkauft zu werden oder auf der Seite derer zu sein, die in einem Raubfeldzug unterliegen und mit der ganzen Sippe als Sklaven in Gefangenschaft geraten. Doch auch Bauern und Handwerker können infolge von Verschuldung als Sklaven verkauft werden. Immer brutaler, aber auch geschickter lernt die kleine Schicht der Herrschenden jede beginnende Auflehnung und vor allem jede sich anbahnende Solidarität der Unterdrückten im Keim zu ersticken. Der Staat mit seinem Machtapparat sanktioniert die Unterwerfung der übergroßen Mehrheit der Menschen. Politik, Wissenschaft und Kunst entwickeln sich im Dienste der Privilegierten und erreichen eine Blütezeit. Dadurch wird der Abstand zwischen Herren und Sklaven noch weiter vergrößert. Nach und nach bildet sich eine vielstufige Gesellschaftsstruktur; neben freien besitzenden und besitzlosen Bürgern entstehen verschiedene Schichten von Abhängigen bzw. Halbabhängigen und weit unter allen die große Masse der Sklaven, die nicht als Menschen, sondern als Besitz ähnlich dem Rind und dem Esel galten.

Antike Schriftsteller erteilen Ratschläge, wie durch Anschaffung von Sklaven aus verschiedenen Nationen größere Kommunikation unter ihnen vermieden werden kann, wie ein abgestuftes System von Belohnung und Bestrafung Solidarisierung von Sklaven zu vermeiden hilft. Isolierung, Trennung von allen Familienbeziehungen, Angst vor unmittelbarer Gewalt und manipulierte Todesangst gehören zu den wesentlichen Daseinsbedingungen jener Sklaven, die zu schwerster körperlicher Arbeit verurteilt sind (im Bergwerk, auf Galeeren, als gefesselte Sklaven in der Landwirtschaft).

Nicht edel und nicht lobesam

Mit dem Zerfall und Untergang des römischen „Weltreiches" beginnt in Europa die Entwicklung des Feudalismus, des Herrschaftssystems, das ein hierarchisch gegliedertes Abhängigkeitsverhältnis schafft, das sich über ein Jahrtausend hält. Adel und Heerführer erlangen als Lehnsherren der Zentralgewalt erbliches Verfügungsrecht über die bis dahin freien Bauern, die dadurch zu Hörigen bzw. Leibeigenen absinken und einen Teil ihrer Erträge als Abgabe entrichten sowie zusätzliche Frondienste leisten müssen. In Europa hat sich die christliche Religion durchgesetzt und eine streng hierarchisch gegliederte und institutionalisierte Kirche aufgebaut. Sie wird schnell zum mächtigsten Besitzer von Land und Bauern. Als wirtschaftlich stärkste Macht tritt sie voll für die „gottgewollten" Rechte der Feudalherren ein, rechtfertigt sie und verspricht gehorsamen Untertanen das Himmelreich.

Gegenüber der Sklaverei bietet das Feudalverhältnis der herrschenden Klasse beträchtliche Vorteile. Die leibeigenen und hörigen Bauern brauchen nicht ständig überwacht und zur Arbeit angetrieben zu werden. Sie arbeiten selbständig und entwickeln Initiative, da sie am Ertrag beteiligt sind.

Auch für die Abhängigen ist die Feudalherrschaft günstiger als Sklaverei, da sie dem Herrn nicht mehr unumschränkt gehören. Er kann sie nicht mehr einfach töten, ohne zur Rechenschaft gezogen zu werden. Aber Abgaben und Frondienste lassen ihnen meist nur gerade genug, um nicht zu verhungern.

Bis zu einem gewissen Grad unabhängiger entwikkeln sich in den Städten Handel und Gewerbe. Aber auch die Städter werden, ebenso wie die Bauern, zunehmend in die Machtkämpfe zwischen Kirche und Staat sowie zwischen den Fürsten untereinander hineingezogen. In endlosen Feldzügen werden sie beraubt, gemartert und ermordet. Ihre Söhne werden als Rekruten weggeholt und teilweise sogar an fremde Machthaber verkauft. So lebt das Volk vielfach in einem Zustand erzwungener Kulturlosigkeit und unter Bedingungen des Gewaltmißbrauches am Rande der Verzweiflung. Krankheiten, für die es noch keine Heilung gibt, Feuersbrünste, Naturkatastrophen und andere Schicksalsschläge erscheinen wie das unverständliche Wirken höherer Mächte. Die Kirche nutzt Angst und Unsicherheit der Menschen zur Stärkung ihrer Macht. So werden selbst die in diesen elenden Verhältnissen immer aufs neue aufflackernden Epidemien von den Kanzeln als Strafe Gottes für Ungehorsam und Sittenlosigkeit proklamiert. Mit derartiger Erzeugung von Schuldgefühlen und Angst wird Gefügigkeit immer wieder verstärkt.

Die Neuzeit wird geboren: Traum und Wirklichkeit

Das Elend der Massen, die Unfähigkeit der Feudalherren, Handel und Gewerbe Freiraum zu gewähren, geschweige denn, sie zu fördern, Luxus und Wohlleben des Adels und der Priesterschaft und ihre Gefühllosigkeit gegenüber dem Leiden der einfachen Menschen wirkten immer stärker als Zündstoff.

Der Sieg des Bürgertums, insbesondere natürlich sein unaufhörlich anwachsender Reichtum: Maschinen, Fabriken, Schiffe usw., kurz, seine materielle Macht, führte nach und nach in den bedeutendsten europäischen Ländern zur Abschaffung der Privilegien des Adels und der Geistlichkeit und zum Ende der Leibeigenschaft. Gleichheit und Freiheit war die große Losung. Aber sehr bald zeigte es sich, daß die reichen Fa-

Frans Masereel, Die Passion eines Menschen (1924)

milien, Kaufleute und Besitzer der Produktionsstätten, eine besondere Freiheit und Gleichheit erstrebten, eine Freiheit, die die Unfreiheit und Abhängigkeit derjenigen bedeutete, die gezwungen waren, für sie zu arbeiten. Das „Himmelreich", das das Bürgertum versprochen hatte auf der Erde zu errichten, war gewiß ein Fortschritt, verglichen mit der Leibeigenschaft, aber nur zu bald zeigte es sich, daß die große Masse des Volkes nach wie vor in Not und Elend lebte. Doch das an die Macht gekommene Bürgertum war weder willens noch imstande, Heines Rat zu befolgen, um die Hungernden und Entrechteten zu beschwichtigen:

„Im hungrigen Magen Eingang finden
Nur Suppenlogik mit Knödelgründen,
Nur Argumente von Rinderbraten,
Begleitet mit Göttinger Wurstzitaten."

In verhängnisvoller Weise wurde für die Schwierigkeiten und Kümmernisse der Gegenwart eine unsichtbare Macht verantwortlich gemacht. Nicht wie die Geistlichkeit früherer Zeiten stellten sie „Gottes Willen" als lenkendes Gesetz hin. Die bürgerliche Wissenschaft wies immer beredter auf eine neue mysteriöse Kraft hin, die mehr Macht auszuüben vermochte als Adel und Geistlichkeit früherer Zeiten. Dieses Mysterium, von dem sie bis in die heutige Zeit sagen, daß es selbst größte Finanzleute und millionenschwere Kapitalisten, ja sogar die internationalen Monopole und Kartelle wie ein Geistergehirn aus einem utopischen Roman lenkt, ist der sogenannte Markt. Zwar hatten Marx und Engels Anatomie und Physiologie des Marktes schon relativ früh bis in die letzten Einzelheiten enthüllt. Sie hatten insbesondere auch das Kraftzentrum des Marktes, das Wesen des Profits, genau analysiert, aber bis in die Gegenwart sprechen die Medien der herrschenden Finanzkreise, ihre Regierungen sowie ihre wissenschaftlich verbrämten „Räte der Weisen" so, als ob der Markt für den einzelnen unergründbar, unverständlich sei. Die „unergründlichen" Gesetze des Marktes zwängen angeblich größte Unternehmen, Staatsanleihen aufzunehmen, um weiter ihre Arbeiter beschäftigen zu können. Es sei das Wirken dieses geheimnisvollen Marktes, das Millionen Menschen arbeitslos mache, Geschäftszusammenbrüche verursache und Wirtschaftskrisen auslöse. So haben sich in zwei Jahrhunderten die gesellschaftlichen Hauptursachen der Angst radikal gewandelt. War noch zur Zeit Schillers und Goethes die

Frans Masereel, Das Echo der Front: „Mutter!“ (1917/20)

angeblich gottgewollte Herrschaft der Fürsten und Priester, ihre persönliche Machtausübung sichtbarer Ausgangspunkt der Bedrohung und Unsicherheit des Untertans, seiner Familie und seiner Zukunft, so wird heute versucht, die Rolle des Kapitalisten zu verschleiern, den Klassenkampf zu leugnen und die Ursachen der Arbeitslosigkeit, der „neuen“ Armut, der Unsicherheit am Arbeitsplatz, die massive Gefährdung von Millionen Werktätigen anonymen Ursachen, wie z. B. der Technik, dem Markt und anderen, zuzuschreiben.

Während Sklaven und Leibeigene immerhin die Menschen, von denen sie ausgebeutet und gequält wurden, persönlich kannten – und ihnen manchmal in verzweifelter Wut zu Leibe gingen –, gab es im fortgeschrittenen Zeitalter des Kapitalismus kaum noch eine personifizierte Gefahrenquelle. Mysteriösen Mächten – dem „Markt", der „Weltwirtschaft", den arabischen Erdölländern – wurden alle Verhängnisse, die „den kleinen Mann" trafen, angelastet.

Wenn Gefahren und Ängste in der modernen kapitalistischen Gesellschaft auch völlig anderer Natur sind als zur Zeit der Sklaverei und des Feudalismus, so ist die überwiegende Mehrheit des Volkes auch gegenwärtig in einer komplizierten sozialen Situation und durch die Konfrontations- und Aufrüstungspolitik bedroht. Diese Lage wird noch dadurch besonders erschwert, daß wirkliche Einsicht in das Wirken gesellschaftlicher Gesetzmäßigkeiten immer geschickter verschleiert wird. Gerade die Anonymität und Verschleierung der verhängnisvollen Triebkräfte und einflußreichen Mächtegruppierungen dieser bürgerlichen Gesellschaft verwirren und verunsichern weite Kreise der von sozialem Abstieg unmittelbar Bedrohten und ruft bei ihnen starke unspezifische Ängste und ungerichtete Aggressionen hervor. Nur allzuleicht lassen sie sich manipulieren und bekämpfen dann gerade diejenigen, die ihnen Klarheit vermitteln und sie einigen wollen.

Machtkonstellation ohne Profitmotiv

In einem großen Teil der Welt wurde das kapitalistische Wirtschaftssystem, vor allem dank dem beispiellosen Kampf des Sowjetvolkes, abgeschafft und damit die Lebensbedingungen von Grund auf verändert. Existenzangst und Massenarbeitslosigkeit als gesellschaftliche Gegebenheit – das kann man mit Sicherheit feststellen – gibt es in den sozialistischen Staaten nicht mehr. Es gibt jedoch noch vielfältige individuelle Ängste auch in der sozialistischen Gesellschaft. Zwischenmenschliche Konflikte, Krankheiten und vielerlei Gefahren des täglichen Lebens (z. B. im Straßenverkehr) fordern unter sozialistischen wie unter kapitalistischen Bedingungen ihre Opfer. Umweltschäden und Schwierigkeiten der

Umstellung auf die immer komplizierter werdenden Maschinen und Automaten fallen oft Menschen, die anderes Arbeiten gewohnt sind, schwer. Ebenso können Fehler und Schwächen der Leitungstätigkeit und bürokratische Gedankenlosigkeit, bis sie korrigiert werden, Hilflosigkeit, Verbitterung und Enttäuschung hervorrufen, Initiativen lähmen und Ängste wecken. Aber viele andere lebensbedrohende Gefahren, Massenelend, erzwungene Unwissenheit und Roheit, die zum guten Funktionieren von Gesellschaften gehören, in denen die Produktionsmittel Privateigentum sind, wurden im sozialistischen Teil der Welt überwunden.

Konflikte und Schwierigkeiten in zwischenmenschlichen Beziehungen als Ursache und Wirkung individueller Ängste

In unserer Zeit gelingt es zunehmend, einige physische Umweltgefahren (Unwetter, Erdbeben, Flächenbrände) auf Grund fortgeschrittener wissenschaftlicher Erkenntnisse vorherzusehen. Dafür spielen allerdings nun neue, früher unbekannte Gefährdungen eine Rolle, wie z. B. AIDS, Umweltschäden, gesundheitsschädigende Kosmetika, Strahlenschäden sowie Gefahren durch Mißbrauch von Genußmitteln und Medikamenten. Daneben werden als Angstursachen zunehmend Störungen in gesellschaftlichen und zwischenmenschlichen Beziehungen sowie innerorganismische Schäden (Erkrankungen verschiedenster Art, einschließlich bösartiger Geschwülste und Unfälle) bedeutsam. Hinzu kommen noch Ängste, die mit der Reifung und Entwicklung des Menschen zusammenhängen, und Ängste, die durch individuelle Erlebnisverarbeitung entstehen.

Aber nicht genug damit, selbst aus der gedanklichen Fehlverarbeitung von Informationen können dem Menschen neue Ängste erwachsen. Wir entwickeln auf Grund unserer Erfahrungen und unseres Wissens Theorien über die Welt, die uns umgibt. So entstehen unsere Weltauffassung, Anschauungen über Gut und Böse und Wertmaßstäbe, die uns Halt und Richtung geben. Werden sie erschüttert oder in Frage gestellt, so verspüren wir eigenartige Ängste, die sich auch als Aggression äußern können. Sogar Geschehnisse, die wir uns nur vorstellen, „einbilden" oder die wir vorausahnend bzw. vorausblickend erwarten, können Ängste

Käthe Kollwitz, Ausschnitt aus „Brot" (1924)

erwecken. Und schließlich werden wir durch manche unserer Wünsche, die allzusehr vom Erlaubten abweichen, geängstigt.

Glücklicherweise sind wir meist derartigen Ängsten nicht hilflos ausgeliefert. Zwar wirkt Neues und Unbekanntes, mit dem Fluidum der Ungewißheit Behaftetes oft zunächst beängstigend. Unter günstigen Bedingungen entwickelt jedoch der Heranwachsende gesunde Neugier, Aktivitätsdrang und Begreifenwollen, die ihn immer aufs neue veranlassen, die Angstschranke zu überwinden, dabei auch positive Erfahrungen zu machen und so Wachstum und Reifung zu fördern. Nur wer, durch schwere Schäden, einengende Erziehung usw. überängstlich gemacht, die Freude am Entdecken verliert, wird in seiner Entwicklung gehemmt.

Kindheitsängste: Kommt der Schneider mit der Scher' . . .

Künstler haben vielfach die verschiedenen Altersstufen des Menschen gegenübergestellt: das liebreizende, rosige, lächelnde Kind, den glücklichen, neugierig-erwartungsvollen Jugendlichen, den schönen, tatkräftigen Erwachsenen und den beschaulich sinnenden alten Menschen. Charakteristische Veränderungen der Haut in diesen Lebensphasen kennt jeder. Weniger bekannt ist, daß es auch typisch altersgemäße Veränderungen von Ängsten gibt, die mit der persönlichen Reifung einhergehen.

Wärme, Nahrung und inniger Kontakt zur Mutter (oder einer Pflegeperson) sind unentbehrlich für das Gedeihen des Säuglings; das wurde in zahlreichen sorgfältigen Untersuchungen nachgewiesen. Wird eines dieser Bedürfnisse nicht befriedigt, fühlt sich das Baby unwohl, es kommt zur Erhöhung der gesamten Muskeltätigkeit; insbesondere Lungenfunktion, Atem- und Stimmuskulatur werden kräftig angeregt, das Kind schreit. Dieser Schrei hat es in sich. Er ist Ausdruck der

Heinrich Hoffmann, Aus dem Struwwelpeter (1845): „Kommt der Schneider mit der Scher'. . ." zu dem „Daumenlutscher-Bub"

Hilflosigkeit, ein Vorläufer der sich später entwickelnden Angst, Wut und Aggression. Zunächst ruft er meist die Mutter herbei und bringt Abhilfe. Abwesenheit der Mutter wird etwa vom 5. Lebensmonat an wahrgenommen und löst bis zum 22. Monat eine besondere Trennungsangst aus. Manche Völkerschaften vertiefen bzw. verlängern das innige Zusammengehören von Mutter und Kind durch den Brauch, das Kleinkind auf den Körper der Mutter so zu binden, daß es sie bei der Arbeit nicht stört. Demgegenüber bringt das Leben in der modernen Zivilisation häufig stundenlange Trennung von Mutter und Kind mit sich. Daraus ist deutlich ersichtlich, wie auch die von der körperlichen Reifung abhängigen Ängste in hohem Maße durch kulturell-gesellschaftliche Einflüsse mitgeformt und gefärbt werden.

Mit der Reifung zentralnervöser Verbindungen beginnt das Baby, seine Umwelt weiter zu erforschen, es begreift sich und die Gegenstände in Reichweite. Dabei kommt es manchmal zu unangenehmen Erfahrungen, wenn das Kind sich weh tut oder etwas hinfallen läßt, das zerbricht, wenn es einen Hund streicheln will, der plötzlich bellt, usw. Derartige Erlebnisse lösen Schreck und Angst aus und hemmen vorübergehend die weitere Erkundung, bis Bewegungsdrang und Neugier die Angsthemmung überwinden. Leben und Älterwerden bringen von Anfang an ständig neue Anforderungen mit sich. Da gilt es immer wieder, Ängste zu bewältigen, um den Lebensraum besser zu erkunden. Etwa im Alter von 6–8 Monaten ist das Kind in der Lage, zwischen den vertrauten Personen (Mutter, Vater, Geschwister usw.) und fremden Menschen zu unterscheiden. Vielfach kommt es dabei zu einer spontanen Ablehnung von Fremden. Bei entsprechend günstigem Verhalten dieser Menschen legt sich die Angstreaktion im allgemeinen bald wieder. Laufenlernen und Sauberkeitstraining bringen zahlreiche neue Schwierigkeiten und Bewährungssituationen mit sich, die zu meistern sind, bevor auf Laufgitter und Windeln ganz verzichtet werden kann. Wie Eltern ihrem Kind jeweils helfen, Enttäuschungen über eigenes Versagen und Angst zu überwinden, ist für seine weitere Entwicklung zweifellos von Bedeutung, denn hier werden erste Keime des Selbstvertrauens gelegt. Immer stärker tritt neben die Befriedigung körperlicher Bedürfnisse (Nahrung, Wärme, Körpernähe und Schutz) das Bemühen in den Vordergrund, Liebesbeweise der Eltern zu erlangen. Zuwendung der Bezugsperson ist höchstes Glück, Rügen und Abwendung verursachen Angst und Verzweiflung, denn das Kleinkind weiß ja nicht, ob z. B. eine Abwendung der Mutter vorübergehend oder dauernd sein wird. In diesem Zusammenhang ist auch die Geburt eines Brüderchens oder Schwesterchens als ein für das kleine Kind beängstigendes Ereignis zu verstehen, denn es geht notwendigerweise mit einer Verringerung der Zuwendung von seiten der Mutter einher; Geschwisterrivalität kann eine vielfältige Quelle von Ängsten sein.

Schon in der Krippe und verstärkt in Kindergarten und Schule beginnt der Einfluß Gleichaltriger bedeutsam zu werden. Das von Eltern und Erziehern erstrebte Ziel, z. B. das Krippenkind möge nicht „einpullern“ und kein

Heinrich Hoffmann, Aus dem Struwwelpeter (1845): „O weh! Das Kind brennt lichterloh!"

„Heulbaby" und nicht „Bummelletzter" sein, wird von gleichaltrigen Spielgefährten übernommen und nachgeplappert. Die Erfüllung dieser Forderung kann Erfolgsgefühl, Stolz und Zugehörigkeit, Nichterfüllung dagegen Angst, Leid und Isolierung bedeuten. Immer stärker tritt in der Folge neben dem Streben nach Anerkennung und Liebe durch Eltern, Geschwister und andere Personen das Bedürfnis nach Zugehörigkeit zu einer Gruppe von Gleichaltrigen in den Vordergrund. Im Kindergarten oder bei Schuleintritt kommt dann noch die Autorität eines außerhalb der Familie stehenden Erwachsenen, des Lehrers und Erziehers, hinzu. Vielfach gerät das Schulkind in Konflikt, wenn es versucht, den Wünschen dieser drei nicht immer aufeinander abgestimmten Bezugsgruppen nachzukommen. Es wird sich dabei der Wirkung des eigenen Verhaltens mehr und mehr bewußt und bemüht sich, soweit es vermag, sich durch Leistungen körperlicher und geistiger Art zu bewähren. Dabei kommt es manchmal zu Versagensängsten. Derartige Ängste können dem Schüler unter Umständen den Schulbesuch vergällen oder dazu beitragen, daß er sich von seinen Alterskameraden isoliert. Je nachdem, wie er derartige Ängste zu meistern vermag, werden die Voraussetzungen für eine günstige Weiterentwicklung verbessert. Eine der vielen Ängste, die es im Kindesalter zu überwinden gilt, ist die Furcht vor der Dunkelheit. Es ist wahrscheinlich nicht in erster Linie die Dunkelheit selbst, die beängstigend wirkt, sondern vielmehr die Tatsache, daß es für das Kind und manchmal sogar für den Erwachsenen schwer ist, in der Dunkelheit genau zu unterscheiden, ob sich wirklich etwas bewegt oder ob uns vielmehr eine Bewegung durch den Prozeß des Sehens (Augenbewegung, Bewegung der Augenlider usw.) vorgetäuscht wird. So erscheint es manchmal, als würde sich etwas Unheimliches auf uns zubewegen und uns bedrohen. Vielleicht ist auch die Quelle vieler Gespenstergeschichten in dieser experimentell nachgewiesenen Eigenart (Autokinese) des Sehprozesses zu suchen.

Diese wenigen Beispiele aus der Fülle der Kindheitsängste zeigen nur einige der Bewährungssituationen, vor denen Kinder auch in unserer Gesellschaft stehen. Leider ist es nicht so wie bei einem fairen sportlichen Wettkampf, daß alle unter gleichen Bedingungen starten. Wenngleich die allgemeinen Erziehungs- und Le-

> *Autokinese (Autokinetisches Phänomen)*:
> Betrachtet man im dunklen Raum einen Lichtpunkt, so scheint sich dieser nach kurzer Zeit zu bewegen. Das ist wahrscheinlich auf den Mangel an Richtmaßstäben und die Eigenbewegung des Auges zurückzuführen. Da diese scheinbare Bewegung besonders leicht der Suggestion unterliegt, wurde sie in neuerer Zeit zur Untersuchung der Suggestibilität und des Gruppeneinflusses auf den einzelnen benutzt.

bensbedingungen für die große Mehrheit der Menschen in einem sozialistischen Land günstiger sind als in der Vergangenheit, so sind doch die Persönlichkeiten der Eltern, ihre Lebens- und Wohnbedingungen, Einvernehmen bzw. eheliche Spannung, Streit und Zerwürfnisse sehr unterschiedlich, ebenso wie die Möglichkeiten, dem Kind zu helfen, mit seinen Ängsten fertig zu werden. Ja, selbst wenn Eltern und Erzieher wissen, wie sie sich den immer neuen Problemen gegenüber am besten verhalten sollten, ist damit noch keineswegs garantiert, daß sie im jeweiligen Moment auch die Geduld und Ausgeglichenheit aufbringen, sich im Interesse des Kindes richtig zu verhalten.

Errötend folgt er ihren Spuren ...

Je reifer ein Kind wird, um so größer werden die Anforderungen, denen es sich gegenübergestellt sieht. Die Schule verlangt immer höhere Lernleistungen und Entwicklung verschiedener Fertigkeiten, Eltern erwarten Gehorsam und Achtung vor ihren Erfahrungen, die Gruppe der Gleichaltrigen beginnt, eigene Wertmaßstäbe zu entwickeln, die bis zu einem gewissen Grade von denen der Eltern und Lehrer abweichen. Das alles soll unter einen Hut gebracht werden. Zudem beginnt auch noch der eigene Körper, sich stärker zu verändern. Die hormonelle Umstellung in der Vorpubertät und das ungleichmäßige Wachstum verursachen Schlaksigkeit, mangelnde Koordination, Gefühlsschwankungen und Unsicherheit, zumal der Heranwachsende auch in seinem sozialen Umfeld gewissermaßen eine Zwischenstellung einnimmt, nicht mehr Kind und doch auch noch nicht richtig erwachsen ist. Der Wunsch nach Anerkennung auf Grund einwandfreien Verhaltens tritt manchmal in Widerspruch zu den neuartigen Wünschen und Gelüsten gegenüber dem anderen Geschlecht. Wenn auch bei uns die gemeinsame Beschulung von Jungen und Mädchen im allgemeinen die Nähe und das Verständnis der Geschlechter füreinander günstig beeinflußt, die Entwicklungsbedingungen also insgesamt vorteilhaft sind, so bringt doch die Aufnahme von Liebesbeziehungen viele neue Ungewißheiten und Ängste mit sich. Art der Erziehung und Auffassung der Eltern und Erzieher spielen eine wichtige Rolle, wenn es darum geht, was der junge Mensch empfindet, wenn er den eigenen Körper erkundet, Selbstbefriedigung kennenlernt, erste Liebesgefühle für gleichgeschlechtliche und andersgeschlechtliche Partner verspürt und schließlich reifere Liebesbeziehungen anknüpft. Derartige Erlebnisse können – je nachdem, wieviel menschliches Verständnis der Jugendliche in seinen Gruppen findet – beglückend und bereichernd sein und sein Weltbild um bedeutsame Eindrücke erweitern, oder sie können, als verheerende Katastrophen aufgefaßt, Anlaß zu schuldhaften Ängsten und folgenschweren Versagenserlebnissen werden.

Überall, wo vertraute Bahnen verlassen werden müssen, wo Wandlungen und Neuorientierungen auf anstehende Aufgaben notwendig werden, kommt mit den Problemen und Konflikten, die dabei entstehen, auch die Angst mehr oder weniger ins Bewußtsein. In dem Maße, in dem es gelingt, die Schwierigkeit zu überwinden, positive Erfahrungen zu machen und dadurch zu reifen, schwindet dann diese Angst wieder.

So sieht sich der Mensch jeden Alters, jeder Entwicklungsstufe vor neue Probleme und neue angstauslösende Gefahren gestellt. Beim Heranwachsenden lockt die Zugehörigkeit zu unterschiedlichen Gruppierungen Gleichaltriger. Neben Ängsten auf sexuellem Gebiet haben Lehrling und Student noch besondere berufsbedingte Probleme zu bewältigen, sie müssen nachweisen, daß sie imstande sind, ebenfalls diese Schwierigkeiten zu meistern. Dabei treten dann gelegentlich Leistungs- und Prüfungsängste auf.

Der Erwachsene begegnet ähnlichen und anderen Schwierigkeiten bei dem Aufbau einer beruflichen Laufbahn, der Schaffung einer Familie und der Kindererziehung. Hierbei können zahlreiche Ursachen die Harmonie stören und die gesunde Entwicklung erschweren. Auch Probleme zwischen Mann und Frau, Schwierigkeiten der gegenseitigen Anpassung, der Gleichberechtigung, Vertrauenskrisen usw. mobilisieren starke Ängste. Hingegen ist die Anpassung an konventionelle Regeln im Erwachsenenalter meist schon vollzogen. Gesellschaftliche und wirtschaftliche Veränderungen erfordern aber hin und wieder Umstellungen und Neuanpassung. Wie die Straßenverkehrsordnung das Verhalten jedes Verkehrsteilnehmers so regelt, daß möglichst wenig Gefährdungen auftreten, so haben Einrichtungen und Gruppen ebenfalls ihre eigenen geschriebenen oder ungeschriebenen Regeln. In Kaufhallen z. B. gibt es unterschiedliche Gebote, wie man sich beim Einkauf zu verhalten hat. In der einen Halle werden die Waren dem Kassierer auf das Rollband gelegt, in einer anderen nimmt die Kassiererin selbst die Waren aus dem Korb. In der Schwimmhalle, im Kino, im Sportklub, im Krankenhaus, überall gibt es Regeln, die das reibungslose Zusammenleben erleichtern sollen. Manchmal verstößt man unabsichtlich gegen diese Regeln, dann kommt es zu Konflikten, und bei Empfindsamen kann schon die Sorge, sie könnten eine Vorschrift übersehen oder nicht beachtet haben, Beklemmungen auslösen.

Schließlich muß der Alternde erleben, wie vertraute Menschen aus seinem Leben scheiden und ihn allein zurücklassen. Auch befürchtet er häufig, mit dem Ausscheiden aus dem Beruf Bedeutung und Einfluß einzubüßen. Sogar gleichbleibende, gewohnte Anforderungen können zum Anlaß für Ängste werden, wenn sich ein Nachlassen der Kräfte bemerkbar macht und die Leistungsgrenze sinkt.

Die meisten entwicklungsbedingten, gewissermaßen altersabhängigen Ängste werden normalerweise erfolgreich überwunden. Es gibt allerdings Ausnahmen, wie beispielsweise schwierige Kindheitssituationen, in denen auf Grund besonderer Umstände der einzelne vor Anforderungen gestellt wird, die weit über sein Bewältigungsvermögen hinausgehen, wodurch er versagen muß und sich zunehmend geängstigt fühlt. Das geschieht z. B., wenn ein Kind fortwährend Belastungen, wie dauerndem Streit zwischen Vater und Mutter, oder allzu häufigem Wechsel der Beziehungspersonen, übermäßigen Sinnesreizen, wie ständig laufendem Radio oder Fernsehen, oder auch einer Reizverarmung ausgesetzt ist. Unter derartigen Bedingungen können selbst normale altersentsprechende Ängste nicht mehr beherrscht werden. Der Organismus wird überfordert und evtl. können sogar krankhafte Entwicklungen in Gang gesetzt werden.

Physische und psychische Reizverarmung
kann durch Verlust der Funktionstüchtigkeit von Sinnesorganen (z. B. nach einem Unfall) eintreten. Pawlow beschreibt Patienten, die nur noch über ein einziges funktionierendes Sinnesorgan (Auge oder Ohr) verfügten. Deckte man dieses ab, schlief der Patient sofort ein. In Vorbereitung der Raumflüge wurde die Wirkung der Reizverarmung experimentell untersucht. Die Versuchspersonen befanden sich in einem abgeschlossenen Raum. Geräusche waren entweder weitgehend ausgeschaltet oder durch einen tiefen Dauerton im Kopfhörer überspielt, Seheindrücke waren ebenfalls durch Verdunkelung oder graue Brillen monoton; die Arme befanden sich in langen Pappröhren, so daß die Hände nichts berühren konnten usw. Eine derartige *sensorische Reizverarmung* führte beim Menschen zunächst zum Einschlafen, aber schon nach wenigen Tagen zu schweren psychophysiologischen Störungen.

Aus der Sprechstunde

Neben den normalen Angsthürden, die es auf der Lebensbahn zu überwinden gilt, entwickeln sich im Leben eines jeden Menschen durch das schicksalhafte Zusammenwirken von Konstitution, lebensgeschichtlichen Umständen und sonstigen individuellen Besonderheiten noch weitere persönliche Konflikte, die angsterzeugend wirken können.

Zwei Beispiele mögen das verdeutlichen:

(Alle hier angeführten Namen von Patienten und ihre persönlichen Daten wurden zum Schutz ihres privaten Bereichs unkenntlich gemacht.)

Herr Werner, 45 Jahre alt, verheiratet, Vater von 2 Kindern, selbständiger Autoschlosser, klagt über Angstträume, die ihn nachts aufschrecken lassen, so daß er nur schwer wieder Ruhe findet. Bei der Durchführung von Reparaturarbeiten kommt es immer wieder vor, daß er doppelt, ja manchmal dreimal kontrollieren muß, ob alle Schrauben wieder richtig fest angezogen sind, und selbst dann ist er immer noch unsicher, ob er nicht vielleicht einen lebensgefährdenden Fehler übersehen hat. Er begreift einfach nicht, wieso er sich in letzter Zeit so verändert hat. Herrn Werner wäre wenig damit gedient, wenn wir ihm sagen würden, daß seine Selbstsicherheit stark erschüttert ist und daß er nicht nur auf der Arbeit an seiner Leistungsfähigkeit zweifelt, sondern auch zu Hause Probleme mit seiner Männlichkeit hat. Er weiß das ohnedies und berichtet, nachdem er erst einmal Vertrauen gefaßt hat, in einer der nächsten Therapiestunden selbst davon. Wichtig ist es vor allem zu begreifen, wie es zu dieser schweren Selbstvertrauenskrise gekommen ist und welche Anlässe dazu führten, daß sie gerade jetzt so störend in Erscheinung tritt. Nach und nach berichtet Herr Werner, er sei als zweiter Sohn eines Handwerksmeisters und dessen Ehefrau, die den Haushalt führte, aufgewachsen. Dem Vater, der nach Meinung des Patienten dessen älteren Bruder bevorzugte, konnte er nichts recht machen, und er mußte von ihm manche Rüge einstecken. Obwohl auch er Schule und Lehre mit guten Durchschnittsnoten abschloß, wurde ihm stets sein älterer Bruder als Vorbild vorgehalten. Seine erste Freundin, die er anläßlich seines 17. Geburtstages seiner Familie vorstellte, gestand ihm ein halbes Jahr später, sie habe sich in seinen Bruder verliebt, und teilte ihm einige Zeit danach mit, daß sie diesen heiraten wolle, was ein Jahr später dann auch geschah. Herr Werner blieb längere Zeit ohne Freundin. Mit 22 Jahren lernte er dann seine jetzige Frau kennen und heiratete sie nach anderthalb Jahren. Sein Bruder war inzwischen beruflich sehr erfolgreich gewesen und hatte eine Leitungstätigkeit in einem Großbetrieb angetreten. Daher war er wenig geneigt, die väterliche Werkstatt zu übernehmen, so daß der nun über 60jährige Vater dem Patienten die Weiterführung der Werkstatt antrug. Zunächst verlief alles ganz harmonisch. Zwei Söhne wurden komplikationslos geboren und entwickelten sich gut. Später arbeitete Frau Werner dann als Sekretärin in einer Zahnarztpraxis. Nach und nach fand jedoch Herr Werner, daß seine Frau etwas zu häufig und zu lobend von ihrem Chef sprach. Er empfand gelegentlich etwas wie Eifersucht. Anläßlich eines gemeinsamen Theaterbesuches lernte er den Chef seiner Frau persönlich kennen und war von der weltmännischen Gewandtheit und Intelligenz dieses Mannes sehr beeindruckt. Auch hatte er das Empfinden, daß der Zahnarzt in seiner Art der Bewegungen, Liebenswürdigkeit und Schnelligkeit der Reaktion seinem älteren Bruder recht ähnlich zu sein schien. Diesen Eindruck konnte Frau Werner, als er abends mit ihr darüber sprach, allerdings nicht bestätigen. Von einem Ausflug, den der Zahnarzt einige Zeit später mit seinen Mitarbeiterinnen in seinem PKW unternahm, kam Frau Werner erst spät in der Nacht zurück. Herr Werner war unglücklich und schlecht gelaunt. Noch am nächsten Abend war er so verstimmt, daß sich statt des angebahnten intimen Verkehrs eine heftige Auseinandersetzung entwickelte und seine sexuelle Erregung verschwand. Am Tag darauf kamen die Kinder mit guten Zensuren aus der Schule. Herr und Frau Werner freuten sich, und der Ärger vom Abend vorher war abgeklungen. Als das Ehepaar jedoch am Abend begann, Liebkosungen auszutauschen, erinnerte sich Herr Werner plötzlich an seine gestrige mangelnde Erektion. Ge-

Frans Masereel, Holzschnitt aus „Die Sonne“ (1919)

spannt beobachtete er sich und bemerkte, daß keine sexuelle Erregung aufkommen wollte, obwohl seine Frau sehr zärtlich war und auch er sich alle Mühe gab. Frau Werner zeigte viel Verständnis, und liebevoll vertröstete sie ihn auf die nächsten Tage. Aber Herr Werner begann sich Sorgen zu machen. Als es auch beim nächsten Mal wieder Schwierigkeiten gab, sprach man sich miteinander aus und beschloß, einige Tage zu warten. Tatsächlich schien in der Folge alles wieder normal zu funktionieren, wenn auch Herr Werner den Eindruck nicht los wurde, daß er weiterhin verkrampft blieb. Im großen und ganzen sah es so aus, als sei alles wieder in Ordnung, allerdings geschah es nun doch hin und wieder, daß er beim Verkehr seine Erregung schwinden fühlte. Ohne viel darüber zu sprechen, begannen sie, seltener Geschlechtsverkehr zu haben. Monate später merkte Herr Werner einige Male, daß er bei seiner Arbeit mit den Gedanken nicht bei der Sache war. Als er dann einmal entdeckte, daß er vergessen hatte, eine wichtige Befestigung vorschriftsmäßig zu sichern, erschrak er sehr über seine Unachtsamkeit. Darauf traten dann jene Selbstzweifel und übermäßigen Kontrollzwänge auf, die ihn schließlich psychotherapeutische Hilfe suchen ließen.

Versuchen wir kurz darzustellen, welche Einflüsse bei der Entstehung von Herrn Werners Schwierigkeiten bedeutsam waren: Im großen und ganzen dürfte Herr Werner die jeweiligen altersbedingten Ängste und Schwierigkeiten erfolgreich überstanden haben. Jedoch die Rivalität zu seinem älteren Bruder – gefördert durch die wirkliche oder vielleicht auch nur von ihm so empfundene Bevorzugung jenes durch den Vater –, das Empfinden, weniger gut und liebenswert zu sein, beeinträchtigte sein Selbstwertgefühl. Wieweit dabei schon in dem Jungen manchmal Ärger und Wut über den erfolgreichen Bruder aufkamen und wie sie verarbeitet wurden, läßt sich heute kaum noch feststellen. Sicher ist, daß seinerzeit, als seine Freundin sich für den Älteren entschied, der Patient einem Wirrwarr von Gefühlen (Trauer, Liebe und Achtung vor dem Bruder, Selbstzweifel, Wut, Aggressionswünschen usw.) hilflos gegenüberstand. Es spricht für die relative Ausgewogenheit seiner Entwicklung bis zu diesem Zeitpunkt, daß er imstande war, diese Krise ohne sichtbar größere Schäden zu überstehen. Als sich jedoch eine für sein Empfinden ähnliche Entwicklung zwischen seiner Frau und deren Chef anbahnt, gerät er in starke emotionale Erregung. Derartige Zustände können je nach der Persönlichkeitsentwicklung des Betreffenden symptomlos verarbeitet werden, sie können jedoch auch zur Entstehung verschiedener psychosomatischer Erkrankungen bzw. zu neurotischen Beschwerden beitragen oder soziale Handlungen (Tätlichkeiten gegen Familienangehörige oder Vorgesetzte, Selbstmordversuch, übermäßigen Alkohol- oder Drogenkonsum usw.) auslösen. Bei Herrn Werner führte die emotionale Spannung zu einer Auseinandersetzung mit der Ehefrau und in deren Gefolge zum Abklingen der sexuellen Erregung. Manchmal genügen geringere Anlässe, um die äußerst empfindliche Funktion der männlichen Potenz zu hemmen. Sehr schnell entstehen aus einer derartigen vorübergehenden Störung Selbstzweifel, die dazu führen, daß anstelle der Lust ein Leistungsdruck (der Patient sagte, daß er „weiterhin verkrampft“ blieb) auftritt, welcher der Potenz abträglich ist. Der Patient sieht seine Männlichkeit gefährdet und glaubt nun, mit Willenskraft die Erregung herbeiführen zu können. Erregung aber tritt nur bei wirklichem Lustempfinden auf; wenn man versucht, sie willentlich herbeizuführen, verschwindet sie. Potenz spielt im Selbstbild des Mannes eine bedeutende Rolle. Eine Störung in diesem Bereich zieht fast immer eine Verstärkung bestehender Unsicherheiten und Ängste nach sich. Selbstzweifel nehmen dann oft einen unverhältnismäßig großen Raum im Denken ein und beeinträchtigen wie bei Herrn Werner auch die Arbeitsleistung.

Da es uns hier zunächst nur darum geht, darzustellen, wie – abgesehen von altersspezifischen Ängsten – persönliche Erfahrungen und zwischenmenschliche Beziehungen angstauslösend und verhaltensbeeinträchtigend wirken können, wollen wir die Darstellung der Probleme von Herrn Werner auf sich beruhen lassen. Im weiteren (ab S. 108) werden wir uns dann ausführlicher mit Methoden zur Überwindung derartiger Schwierigkeiten befassen.

An dieser Stelle sei jedoch noch ein zweites Beispiel einer individuellen Schwierigkeit angeführt:

Frau Bartel, 35 Jahre, ist eine zurückhaltende, eher passive, liebenswürdige Verkäuferin in einem Porzellangeschäft, verheiratet, Mutter von 2 Kindern. Sie leidet an zunehmender Angst, auf die Straße zu gehen. Anfänglich versuchte sie noch, sich mit aller Energie zu zwingen und nicht klein beizugeben. Aber kaum war sie auf der Straße, wurde ihr plötzlich siedend heiß, ihr Herz raste, Schweißtropfen perlten ihr übers Gesicht, und sie fürchtete, jeden Moment umzufallen. Nur unter Aufbietung aller Kräfte gelangte sie schließlich völlig erschöpft zur Arbeit. Am Abend war es ihr nicht möglich, allein nach Hause zu gehen. Eine Kollegin nahm sich ihrer an und brachte sie schließlich heim.

Übrigens: Herr Werner ebenso wie Frau Bartel suchten, nachdem sie sich tagelang vergeblich gequält hatten, einen Arzt auf. In beiden Fällen meinten die Ärzte nach kurzer Untersuchung, die Patienten seien einfach überfordert und müßten einmal ausspannen. Herr Werner wurde eine Woche, Frau Bartel zwei Wochen arbeitsunfähig geschrieben. Während dieser Zeit sollten sie sich ausruhen, viel spazierengehen und ein Beruhigungsmittel nehmen. Leider blieb in beiden Fällen der Erfolg aus. Sicherlich sind auch Ihnen, lieber Leser, ähnliche Fälle bekannt, und Sie wissen, daß derartige Patienten schließlich – meist erst, nachdem sie mehrere Ärzte aufgesucht haben – zum Psychotherapeuten überwiesen werden.

Doch kehren wir zurück zu Frau Bartel:

In einer kirchlich gebundenen Familie als einziges Kind aufgewachsen, hatte Gerda M., die spätere Frau Bartel, die 10-Klassen-Schule mit befriedigenden Zensuren abgeschlossen, eine Lehre als Verkäuferin erfolgreich beendet und nach mehrmaligem Stellenwechsel schließlich in dem Porzellangeschäft, in dem sie nun schon seit 10 Jahren arbeitete, eine Stelle als Verkäuferin angenommen. Kurz nach Abschluß der Lehre hatte sie ihren Mann, der damals gerade Fachschulingenieur geworden war, kennengelernt. Nach einigen Jahren fester Freundschaft heirateten sie kurz vor Ankunft des ersten Kindes. Auch die Geburt des zweiten Kindes verlief ohne Schwierigkeiten. Wenn auch Hausarbeit, die heranwachsenden Kinder und die Arbeit im Geschäft sie oft sehr belasteten, so war Frau Bartel doch im großen und ganzen recht zufrieden, um so mehr, als es aufwärtszugehen schien und sie auch mit der Wohnung Glück gehabt und nette, hilfreiche Nachbarn gefunden hatten. Herr Bartel wurde häufiger in einem Zweigbetrieb eingesetzt und war deshalb mehrere Tage in der Woche außerhalb der Stadt. Wahrscheinlich wäre es auf die Dauer möglich gewesen, daß Herr Bartel ganz in dieser Zweigstelle angestellt worden wäre, aber der Familie gefielen die Wohnung, die Nachbarn und die Stadt, in der übrigens Frau Bartels Eltern wohnten, und außerdem hatte Frau Bartel hier doch nach mehreren Enttäuschungen endlich eine Arbeit gefunden, die ihr zusagte. So nahmen sie also die häufigen Dienstreisen in Kauf. Nach einiger Zeit schien es Frau Bartel, als ob ihr Mann auf seinen Dienstreisen weibliche Gesellschaft gefunden habe. Sie wurde mißtrauisch und erfuhr schließlich, daß er des öfteren auf seinen Dienstreisen den Abend mit einer netten Ingenieur-Kollegin verbrachte. Zunächst versuchte sie, sich einzureden, es sei weiter nichts geschehen. Ihr Mann war gleichmäßig lieb und aufmerksam zu ihr und den Kindern. Eines Abends sah sie bei einem Fernsehfilm, wie eine Frau, deren Mann sie verlassen hatte, von Nachbarinnen auf offener Straße verspottet wurde. Sie war sehr aufgeregt durch diesen Film und hatte in der Nacht furchtbare Träume. Danach fühlte sie sich nicht mehr wohl, wenn sie das Haus verlassen wollte. Ganz schlimm wurde es dann, als sie eines Abends auf dem Nachhauseweg an einer Gruppe von Frauen vorbeiging, die ganz plötzlich laut zu lachen begannen. Am nächsten Tag hatte sie es dann kaum zur Arbeit geschafft.

Auch hier zunächst nur einige Worte der Erklärung. Frau Bartel war es gelungen, zusammen mit ihrem Mann eine glückliche Familie aufzubauen. Die Kinder sind gesund und machen gute Fortschritte in der

Schule. Herr Bartel hat Erfolg in seinem Beruf, und auch Frau Bartel ist zufrieden mit ihrer Arbeit. Es wäre also alles in bester Ordnung, wenn nicht die junge Ingenieur-Kollegin als mögliche Ehezerstörerin Frau Bartel in Angst und Schrecken versetzt hätte. Um Frau Bartels Reaktion zu begreifen, ist es wichtig zu verstehen, daß sie sich der Situation in keiner Weise gewachsen fühlt. Sie weiß einfach nicht, was sie tun kann, um die ihrem Empfinden nach bedrohte Ehe zu retten. Der Zufall (in Form des Fernsehfilms) erweckt in ihr Angst vor dem Gespött der Nachbarn. Diese Angst wird noch verstärkt durch das (wahrscheinlich kaum ihr geltende) Lachen der Frauen auf der Straße, und nun tritt die Meidungsangst (vor der Straße) mit ihrer vegetativen Symptomatik und den Angstgefühlen auf. Sie hat zumindest vorübergehend eine stärkere Abhängigkeit der Patientin von ihrem Mann zur Folge und wird ihn wenigstens für einige Zeit veranlassen, sie nicht alleine zu lassen, sie auf der Straße zu begleiten und um vorläufige Beendigung seiner Arbeit in der Zweigstelle zu bitten. So zeichnet sich ein „Teufelskreis" ab, der die Meidungsreaktion eher noch verstärkt. Über die Untauglichkeit dieser Reaktion, Frau Bartel wirklich zu helfen, wird in einem der nächsten Kapitel ausführlicher berichtet. Hier kam es darauf an, eine mögliche Entstehung solcher Ängste und einige ihrer Auswirkungen zu illustrieren.

Angst und Persönlichkeit (Angsttoleranz und Verletzbarkeit)

Jeder Mensch wird in seinem Leben mit einer verwirrenden Fülle von Gefahren und damit zusammenhängenden Ängsten konfrontiert. Um Wesen und Auswirkungen derartiger Erlebnisse besser zu verstehen, wollen wir die wichtigsten *Gefahrengruppen* kurz darstellen:

– Sowohl Naturgefahren als auch gesellschaftlich bedingte Umweltereignisse (Erdbeben, Überschwemmungen, Epidemien, Kriegshandlungen, Explosionen, Dammbrüche, Bergwerksunglücke usw.) gefährden alle Menschen, die ihnen ausgesetzt sind. Sie lösen Todesangst und unter Umständen sogar Panik aus. Je nach dem Stand der gesellschaftlichen Entwicklung gelingt es, derartigen Gefahren gemeinsam entgegenzutreten bzw. sie sogar vorausschauend abzuwenden.

Besondere Schwierigkeiten bereiten dabei Überraschung (Unerwartetheit) sowie Ungewißheit und Unvorhersehbarkeit des Geschehens. Da diese Faktoren auch bei allen anderen Gefahrengruppen eine Rolle spielen, sind dazu einige Bemerkungen angebracht. Jeder Mensch ist mit Bedingungen und Zusammenhängen auf einigen Gebieten – sei es sein Hobby, sein Arbeitsgebiet, sein Haushalt usw. – relativ gut vertraut. Hier kann ihm keiner so schnell etwas vormachen. Aber ebenso ist auch jeder Mensch auf anderen Gebieten wenig oder gar nicht informiert. Würde jemand sagen, er könne Wasser bei 15° C zum Kochen bringen (indem er den Luftdruck im Raum verringert), so wüßten wahrscheinlich manche Menschen nicht, ob man sie verspotten will. Zumeist ist unsere mangelnde Informiertheit ohne Bedeutung. In einer Gefahrensituation kann sie jedoch sehr unangenehme Auswirkungen haben, weil wir dann allzu gern manchmal bereit sind, Gerüchten und Panikmachern zu glauben. So kann unter Umständen ein aufgeregt Davonlaufender eine panische Massenflucht auslösen. Ungewißheit kann z. B. bei Entstehung eines an sich relativ geringfügigen Brandes im Kino, Hotel oder Fußballstadion Anlaß für eine Panik werden, in deren Gefolge Menschen zu Tode getrampelt werden.

– Es gibt *Objekte* (spitze Gegenstände, elektrische Geräte usw.), die für die meisten Menschen völlig unproblematisch sind, ja die sie gern handhaben (etwa scharf geschliffene und polierte Messer), sowie *Situationen*, denen sie sogar mit frohen Erwartungen entgegensehen (Kino- oder Theaterbesuche, Einkäufe in Warenhäusern, Benutzung von Verkehrsmitteln, Flugreisen, Überqueren von freien Plätzen, Besteigen hoher Türme usw.), die aber bei anderen unter bestimmten Umständen zu Beklemmung, vielleicht sogar zu lähmender Angst führen.

Bei dieser Art Ängste kommt als besondere Schwierigkeit hinzu, daß sich die Betreffenden allein und unverstanden mit ihrer Angst fühlen.

– *Körpervorgänge*, die für andere nicht sichtbar sind, wie Krankheitssymptome (Fieber, Kopfschmerz, Schwindel, Übelkeit usw.) und Entwicklungen, die wir selbst gar nicht bewußt wahrnehmen (bösartige Geschwülste, Leberschäden, Erkrankungen anderer Art), können unsere Stimmung und Wahrnehmungsfähigkeit beeinträchtigen, unsere Leistungsfähigkeit senken und in uns das Gefühl unbestimmter Angst erzeugen.

– Doch wie wir schon feststellten, lösen nicht nur objektiv nachweisbare Gefährdungen Angst aus, auch *geistig-seelische Vorgänge* (Gedanken, Phantasien) können derartige Auswirkungen haben. Die Erkenntnis oder vermeintliche Annahme, daß man von seinen Mitmenschen isoliert und allein ist, kann ebenso wie die Vorstellung bzw. Einbildung von Gefahren gefährliche Ängste verursachen. Gefährlich deshalb, weil derartige Befürchtungen oft wie eine sich selbst verwirklichende Suggestion wirken. Mit anderen Worten, sie führen unter Umständen dazu, daß die zunächst nur vorgestellte

Gefahr dann tatsächlich eintritt. Wenn z. B. ein Mensch in gefährlicher Lage (auf einem Baugerüst, an einer Gebirgswand usw.) sich intensiv vorstellt, er könne abstürzen, so vermag die damit heraufbeschworene Angst ihn derartig zu verunsichern, daß er Fehler macht und tatsächlich abstürzt. In ähnlicher Weise können uns Gedanken an auftretende Schmerzen, Verlust der Bewegungsfreiheit, Einbuße unserer Unabhängigkeit und Entwicklungsmöglichkeiten, an Krankheit und Tod verunsichern und übermäßige Empfindsamkeit und Besorgnis auslösen. Besondere Erwähnung verdient an dieser Stelle die problematische Wechselbeziehung zwischen niedrigem Selbstwertgefühl (auch Minderwertigkeitskomplexe genannt), Angst und Aggression. Niedriges Selbstwertgefühl fördert die Angstentwicklung und kann schon bei geringfügigen Anlässen zu Tätlichkeiten und anderen Aggressionen führen. Dabei entwickelt sich nur zu schnell eine übersteigerte Angst vor etwaigen Gegenaggressionen der Angegriffenen. So gerät man in einen Zustand, in dem man sich ständig bedroht fühlt.

> *Ängstlichkeit*
> ist im Gegensatz zur Augenblicksangst eine dauerhaftere erworbene Eigenschaft der Persönlichkeit, die dazu führt, daß Situationen, die tatsächlich nicht gefährlich sind, als Bedrohung empfunden werden und Erwartungen vielfach mit ungünstigem Ausgang verknüpft sind. Diese Wesensart ist durch Verspannung, Besorgtheit, Nervosität und unbestimmte Angst vor zukünftigen Ereignissen sowie durch einen erhöhten physiologischen Erregungszustand gekennzeichnet.

Allen derartigen Ängsten, wie sie sich auch im einzelnen darstellen, ist gemeinsam, daß sie das Selbstwertgefühl verringern, die Gefahr eher noch vergrößert erscheinen lassen, die körperliche Widerstandsfähigkeit nach anfänglicher Steigerung auf die Dauer herabsetzen, das Bewußtseinsfeld einengen und die Beweglichkeit der Denkprozesse vermindern, so daß das Denken starrer abläuft. Letzteres gilt insbesondere, wenn die Angst sehr intensiv ist. Sie kann sich dann so negativ auf Denk- und Lernvorgänge auswirken, daß diese fast völlig blockiert werden. Hingegen ist bei gemäßigten Angstgraden unter günstigen Umständen eine positive, anregende Wirkung zu erkennen, wie wir sie schon in den ersten Kapiteln darstellten.

Vom Einfluß persönlicher Eigenarten

Sowohl bei der Beurteilung einer Gefahrensituation und dem sich daraus ergebenden Ausmaß der entstehenden Angst als auch bezüglich der Auswirkung dieser Angst auf Organismus und Verhalten gibt es große individuelle Unterschiede. Persönliche Erfahrungen, Einstellungen und Erbanlagen sowie daraus entstandene relativ dauerhafte Verhaltensdispositionen oder Persönlichkeitseigenarten des einzelnen (man spricht auch von Charakterzügen) beeinflussen hochgradig, wie und wo wir Gefahren sehen und wie wir unsere Angstwahrnehmung verarbeiten. Um das ein wenig zu illustrieren, seien im folgenden einige unterschiedliche Charakterzüge geschildert. Dabei können wir im Rahmen dieser Darstellung natürlich nur eine Auswahl solcher Eigenarten aufzeigen. Wir wählen deshalb den Weg, eine Reihe extremer Eckpunkte des Spektrums zu skizzieren, wobei es der Phantasie des Lesers überlassen bleibt, sich die vielen Zwischenstufen und Kombinationen auszumalen.

Der Übergenaue, sorgfältig Abwägende, oft von Zweifeln Geplagte

Menschen, die, vorsichtig geworden, besonderen Wert auf Genauigkeit und Ordnung legen, neigen dazu, alle möglichen Gefahren zu überschätzen. In einer Welt, die sich ihnen als voll von Bedrohungen darstellt, bemühen sie sich, ihren privaten Lebensraum möglichst zu sichern. Sie sind ständig darauf bedacht, durch sorgfältige, eher übergenaue Pflichterfüllung, Ordnung, Sauberkeit und Beachtung der Gesetze Gefahren aus ihrem persönlichen Bereich fernzuhalten und überhaupt jede Art von Bedrohung durch kluges Begreifen und intellektuelle Durchdringung der Situation frühzeitig zu erkennen, um sich dagegen zu sichern.

Diese Menschen sind ständig gedrängt, ihre Gefühlsregungen verstandesmäßig zu kontrollieren. Emotionale Erregungen bei sich selber oder bei anderen ängstigen sie, weil sie die rationalen Festungsmauern, mit denen sie sich umgeben, zu sprengen drohen. Da sie ihre eigenen Gefühle nicht zum Ausdruck bringen können, haben sie auch wenig Einfühlungsvermögen und Verständnis für die Empfindungen ihrer Mitmenschen. Der Psychologe Riemann erwähnt als Beispiel einer solchen Einstellung zum Ehepartner eine Frau, die von ihrem Anwalt einen Vertrag aufsetzen ließ, der die Weiterführung ihrer Ehe ermöglichen sollte. Das Dokument legte genau fest, wie häufig der eheliche Verkehr stattfinden und welche Zimmertemperatur dabei herrschen sollte. Der Vertrag enthielt u. a. einen Paragraphen, in dem vorgeschrieben wurde, daß der Mann im Schlafzimmer nicht rauchen dürfe. Bei Nichteinhaltung der Bestimmungen waren genau festgesetzte Geldbußen zu zahlen. Die Frau war der Meinung, es sei ein fairer Vorschlag, die Ehe nur unter der Bedingung weiterzuführen, daß der Mann den Vertrag unterzeichnete. Sie verstand nicht, daß solche Regeln das notwendige gefühlsmäßige Verstehen nicht ersetzen können. Derartige Menschen schaffen sich ganze Systeme von Regeln und Ritualen, die sicherstellen sollen, daß keine Gefahr über sie hereinbricht.

Liebe und Leidenschaftlichkeit rufen bei ihnen Ängste hervor, da sie sie verstandesmäßig nicht begreifen und kontrollieren können. Eine – oft nach langem Zögern – eingegangene gesetzliche Bindung betrachten sie als schicksalhaft verpflichtend. Sie sind verläßlich in Beruf und Familie. Angesichts von größeren Gefahren verschanzen sie sich hinter eher noch verstärkter Einhaltung von Regeln und Ritualen. Kommt es dennoch zu Angsteinbrüchen, so tritt ihre Eigenart übertrieben ausgeprägt hervor. Dann entstehen unangepaßte, Arbeit und Familienleben beeinträchtigende, zwanghafte Handlungen wie ständiges Händewaschen, häufig wiederholtes Kontrollieren, ob Türen und Fenster verschlossen sind oder das Gas abgestellt ist. Auch Zweifel, ob man die eigene Arbeit richtig ausführt, ob man sich richtig verhielt usw., treten quälend in Erscheinung. Es kann sich eine „Zwangsneurose" entwickeln.

Impulsiv, dramatisierend, zugewandt

Umgekehrt ist der mehr schauspielerische, kontaktfreudige Mensch ein spontan zugewandter Partner, der im emotionalen Zusammenhang immer neue Höhepunkte des Erlebens und Genießens zu finden hofft. Für ihn sind Regeln, ja sogar Gesetze nicht so wichtig. Wenn sie allzusehr im Gegensatz zu seinen Wünschen stehen, kann er sich einfach darüber hinwegsetzen. Auch er empfindet zwar irgendwie, daß das Leben voller Gefahren und Ängste ist, aber im Gegensatz zu dem oben geschilderten Übervorsichtigen zieht er es vor, das alles möglichst nicht zur Kenntnis zu nehmen (er will möglichst nichts davon sehen, nichts hören und nicht davon sprechen). Wenn er allerdings dann doch in Schwierigkeiten kommt, schlägt er dramatisierend Alarm. Er verläßt sich am liebsten auf seine Fähigkeit, andere Menschen durch seinen Charme zu faszinieren und für sich zu gewinnen, demzufolge versucht er, sich in andere einzufühlen und gegebenenfalls durch Demonstration seiner Hilflosigkeit ihre Sympathie oder Zuwendung zu gewinnen. Über seine Wünsche und Impulse und damit zusammenhängende Gefahren macht er sich wenig

Gedanken. Überhaupt ist er geneigt, alles Unangenehme zu verdrängen oder zu vergessen. Selbstkritik und Selbstbeobachtung liegt ihm nicht. Diese Einstellung beeinträchtigt auch die Entwicklung tiefgehender intellektueller Interessen. Oft überrascht er durch emotionelle Schwankungen und Naivität.

In der Partnerbeziehung ist er imstande, sich spontan und genießerisch gehenzulassen und den Augenblick voll auszukosten. Wird allerdings seine Befriedigung auf sexuellem Gebiet gestört, kann es zu Beeinträchtigungen der Liebesfähigkeit (Frigidität bei der Frau und Impotenz beim Mann) kommen, die mit Aggression gepaart sind.

Bei übermäßiger Ausprägung dieser Persönlichkeitseigenarten kommt es zu hysterischen Manövern, Appellhandlungen („Seht ihr nicht, wie furchtbar es mir geht? Helft mir doch!") und dem Versuch, durch scheinbar hilflose Unterwürfigkeit den Partner gefügig zu machen. Das kann unter Umständen bis zu (scheinbaren) Funktionsausfällen (Bewegungseinschränkungen, Unfähigkeit zu sprechen, sich zu erinnern usw.) führen.

Ein einsatzbereiter, verläßlicher Gefährte

Kommen wir zu einer dritten Persönlichkeitseigenart: In dem Maße, in dem der Heranwachsende in seinen Gruppen (Familie, Gleichaltrige, Arbeitskollegen, Interessengruppen usw.) Liebe, Sicherheit und Achtung gefunden hat, ist er auch bereit, sich für andere einzusetzen. Er wird sich mit der Gruppe identifizieren, weil sie ihm wichtig ist, und die Nähe anderer Menschen suchen, ihre geistigen Interessen und ihre Wertauffassungen verstehen und vertreten. Dabei kommt es im Rahmen der Gruppen, denen er sich zugehörig fühlt, gewiß auch zu Auseinandersetzungen um maßgeblichen Einfluß, um die oberen Plätze in der Rangordnung. Das sind jedoch Vorgänge, die oft schwer zu erkennen sind, da die Gruppe nach außen als Einheit auftritt. Die persönliche Bindung an die Gruppe, an ihre jeweilige Aufgabe und die sich daraus ergebende Bereitschaft, voll für Ideale und Ziele der Gruppe einzutreten, gehen vielfach so weit, daß eigene Interessen vernachlässigt oder zurückgestellt werden. Da derartige Gruppen oft sehr unterschiedliche Wertsysteme vertreten, ist ihr Einfluß auf den einzelnen sehr differenziert zu sehen. Während z. B. im allgemeinen politisch reaktionäre Gruppen die Entwicklung kritischen Denkens und des Erkennens der Wirklichkeit zugunsten ihres einseitigen Glaubens, sturer Disziplin und unterwürfigen Gehorsams hemmen und damit das Denken überhaupt beeinträchtigen, sind fortschrittlich-humanistische Gruppen eher bestrebt, die (Ich-)Entwicklung und das Erkennen der großen Zusammenhänge sowie das selbständig kritische Denken und eine auf Einsicht beruhende Disziplin ihrer Mitglieder zu fördern.

Menschen, für die das Leben in der Gruppe vorrangige Bedeutung hat und die deshalb bereit sind, ihre eigenen Bedürfnisse zurückzustellen, haben oft Schwierigkeiten, wenn sie andere um Hilfe bitten müssen. Selbst wenn sie das Gefühl haben, daß sie übergangen wurden, können sie eigene Wünsche nur halbherzig vorbringen und sie nicht klar ausdrücken. Nachher sind sie enttäuscht, wenn man sie nicht richtig verstanden und ihre Interessen nicht genügend berücksichtigt hat.

In der liebenden Partnerbeziehung entfalten diese Menschen oft große Fähigkeiten zur Einfühlung und Rücksichtnahme. Sie sehnen sich nach größtmöglicher Nähe zum Partner und sind bereit, dafür Opfer zu bringen. Wenn sie allerdings auf einen Partner treffen (etwa den ersterwähnten besonders sicherheitssuchenden, gedanklich kontrollierenden „Beamtentyp"), dem die enge emotionale Nähe zuviel wird, können sie tief enttäuscht werden. Derartige Enttäuschungen führen bei diesen Menschen leicht zu übersteigerter unangepaßter Ausprägung des Bindungsbedürfnisses. Infolgedessen kann es zu schweren Ängsten und tiefen Depressionen kommen.

Phantasievoller Einzelgänger

Ganz anders verhält sich demgegenüber der Mensch, dessen Charakter ihn veranlaßt, sich von anderen zurückzuziehen, sich zu isolieren. Bei sehr feinfühlig veranlagten Naturen können Erlebnisse in früher Kindheit, zuviel Abwechslung und Unruhe, ständige Auseinandersetzungen im Familienkreis usw. dazu beitragen, daß sich der junge Mensch nach Ruhe und Abstand sehnt. Zurückweisung oder Ablehnung durch überbeanspruchte Eltern oder Freunde, wie sie überall gelegentlich vorkommen und normalerweise auch verkraftet werden, kann dann die Tendenz, allein sein zu wollen (bzw. mit seinem Lieblingstier, einem Hobby, bei der Arbeit), weiter verstärken. Dabei entfaltet sich, zumindest während der ersten Jahre, oft auch dauerhaft, die gedankliche Verarbeitung der neu aufgenommenen Eindrücke und Erkenntnisse recht gut. Allerdings bleibt die Reifung des Gefühlslebens, das ja auf der Entfaltung und Verarbeitung von Beziehungen zu anderen Menschen beruht, da es nur ungenügend gefördert wird, meist hinter der altersentsprechenden Norm zurück. So entwickelt sich der Charakterzug des sich ständigen Zurückziehens, verbunden mit einer relativen Schwierigkeit oder sogar Unfähigkeit, enge persönliche Kontakte aufzubauen und zu pflegen. Andererseits treten jedoch auch Ängste wegen der Vereinsamung sowie der Wunsch nach Kontakten auf. Bevorzugung von Tagträumerei und Phantasiebefriedigung nehmen zu. Wenn sich dann Kontakte zu anderen Menschen nach und nach immer unbefriedigender gestalten, können die sich daraus entwickelnden Enttäuschungen zur Quelle von Anpassungsschwierigkeiten werden.

Sexualbedürfnisse und Kontakthemmung geraten besonders nach der Pubertät in starken Widerspruch zueinander. Dabei tritt manchmal die Tendenz auf, den Geschlechtstrieb gewissermaßen losgelöst von einer engen Partnerschaft zu befriedigen, wodurch der Partner zum Sexualobjekt entwürdigt wird. Das wiederum führt zu zwischenmenschlichen Auseinandersetzungen und schweren Ängsten. Gelegentlich wird versucht, die Kluft zum Partner durch Briefe, die in der Einsamkeit des eigenen Raumes ohne Berührungsangst geschrieben werden, zu überbrücken.

Wenn die eigene Unfähigkeit, sich anderen adäquat zu nähern, als Leid empfunden wird und wenn niemand hilft, das Dilemma zu lösen, kann es zu immer stärkerer Phantasiebefriedigung und zu Versuchen der Rechtfertigung der eigenen Lebensweise kommen. Dadurch kann die Isolierungstendenz bis zur völlig unangepaßten Ausprägung gesteigert werden. Gelingt es dagegen, die Entstehung derartiger unglücklich machender Persönlichkeitszüge frühzeitig zu erkennen und entsprechend zu beeinflussen, die Entwicklung im Rahmen des Erträglichen zu stabilisieren, so bildet das vielfach den Ausgangspunkt für die Entfaltung großer wissenschaftlicher Fähigkeiten.

Es handelt sich bei allen hier dargestellten Persönlichkeitszügen und Eigenarten um Menschen, die gewissermaßen selbstverständlich die Gruppennormen und geistigen Werte der Gesellschaft als Richtlinien ihres Verhaltens ansehen, selbst wenn sie, wie die Kontaktfreudigen und Dramatisierenden, sich gelegentlich darüber hinwegsetzen.

Ausgeprägte Ichbezogenheit und mangelnde Angsttoleranz

Bei dem Charakterzug, den wir jetzt schildern wollen, handelt es sich um eine andere Problematik. Menschen mit dieser Persönlichkeitseigenart waren oft in früher Kindheit lebensbedrohenden oder schwierigen und beängstigenden Situationen ausgesetzt. Dadurch entstand bei ihnen ein übermäßiger Egoismus, verbunden mit einer besonders niedrigen Angsttoleranz, d. h., daß schon eine relativ geringfügige Angst sie veranlaßt, irgend etwas zu tun, um die beängstigende Situation zu verändern oder sich ihr zu entziehen. Ihr Verhalten zielt vielfach nur darauf ab, Liebe und Fürsorge anderer zu gewinnen, ohne die geringste Bereitschaft, diese Zuneigung und Hilfe ihrerseits zu erwidern. Bei ihnen fällt auf, wie starr sie bemüht sind, Situationen, die möglicherweise Angst verursachen könnten, zu leugnen oder zu meiden. Ihre Vermeidungsstrategie wird besonders deutlich in dem Bemühen, jedes verantwortungsbewußte Durchdenken der eigenen Probleme und des eigenen Verhaltens zu umgehen. Das geht oft einher mit emotionalen Schwankungen, die in oberflächlichem Theaterspiel und übertriebenen Gefühlsweisen Ausdruck finden, aber vielfach kaum die zugrunde liegende Kälte und Distanz verdecken. Manchmal verbinden sich auch Witz und Charme mit ihrem Auftreten. Dabei kommt es ihnen jedoch hauptsächlich darauf an, allen ernsten Problemen aus dem Weg zu gehen. Echte Freundlichkeit oder Teilnahme, geschweige denn wirkliche Freundschaft, kennen sie kaum. Diese Menschen sind durch die in früher Kindheit erlebte Gefahr und wehrlos erduldete Angst so geformt, daß ihre Gedanken und ihr Verhalten ständig darum kreisen, soviel wie möglich für sich zu erreichen (Egozentrismus). Ihre Liebesfähigkeit ist unterentwickelt, und ihre Partnerbeziehungen halten nicht sehr lange, es sei denn, sie finden jemanden, der sich ihnen völlig unterwirft.

Einige Gemeinsamkeiten und Unterschiede

Die oben dargestellten Persönlichkeitsstrukturen sind Extreme, die in so ausgeprägter Weise nur relativ selten vorkommen. Sie sind gewissermaßen Eckpunkte eines Vielecks. Denken wir an uns selbst oder an Menschen unserer Bekanntschaft, so werden wir meist Charakterzüge finden, die Kombinationen verschiedener Typen aufweisen, die also irgendwo auf den Verbindungslinien zwischen den Eckpunkten ihren Platz finden. Alle dargestellten Züge haben sowohl liebenswerte Eigenarten als auch Schattenseiten. Menschen, die diese Züge aufweisen, vermögen jeweils auf ihre Art wertvolle, schöpferische Beiträge zu unserer Kultur und für die Bereicherung unserer aller Leben beizutragen. Sie können aber auch unausstehlich sein.

An dieser Stelle ist es notwendig, darauf hinzuweisen, daß die hier zusammengestellten Persönlichkeitscharakteristiken lediglich dazu dienen sollen, eine gewisse Ordnung in die große Vielfalt menschlicher Wesenszüge zu bringen, und keineswegs festen, scharf umrissenen Gegebenheiten entsprechen, die nur so und nicht anders auftreten. Es wäre grundfalsch, jemanden, nur weil er Ähnlichkeit und Gemeinsamkeiten mit einem der beschriebenen Persönlichkeitstypen aufweist, ohne nähere Untersuchung auch alle anderen Eigenarten dieses Typs zuzuschreiben. Ebenso wäre es schlecht und für die Betreffenden nachteilig, tatsächlich ermittelte Eigenarten als unveränderlich anzusehen und dem Betreffenden gewissermaßen wie ein Etikett anzuheften.

Wenn allerdings durch schwerwiegende Enttäuschungen, Versagenserlebnisse und Ängste einige dieser persönlichen Eigenarten einseitig ausgebildet werden, wird eine Einordnung in die Gemeinschaft gestört. Das kann sich, verhängnisvoll für den Betroffenen, bis zur psychischen Fehlentwicklung steigern.

Wie das geschieht, darüber haben sowjetische und US-amerikanische Forscher in neueren Untersuchungen wichtige Erkenntnisse gewonnen. Demnach hat jeder Mensch eine durch Erbanlage und persönliche Erfahrung bedingte unterschiedlich hohe Energiebereitstellungsfähigkeit und Leistungsgrenze bei der gedanklichen Verarbeitung von eintreffenden Informationen. Diese obere Grenze der möglichen Informationsverarbeitung wird um so schneller erreicht, je mehr unwesentliche oder gar störende und ablenkende Informationen mit verarbeitet werden. Derjenige verfügt also über größere Kapazität, der imstande ist, alle unwesentlichen Informationen und ablenkenden Gedächtnisinhalte aus dem zu bearbeitenden Informationsmaterial herauszufiltern, bzw. der, der durch Anlage und Erziehung besonders günstige Informationsverarbeitungsweisen anwenden kann. Als zusätzlich belastend und energieverbrauchend wurden drei Arten von Einflüssen ermittelt:

1. Drohung physischer Schmerzen und Gefahren,
2. Drohung gesellschaftlicher Isolierung oder Zurückweisung,
3. besonders starke Reize oder gleichzeitiges Auftreten übermäßig komplizierter oder schwieriger Anforderungen.

Derartige Einflüsse ziehen nicht nur Energiereserven ab, sondern verursachen auch emotionale Erregungs- und Aktivierungszustände, bei denen die Angst im Vordergrund steht. Die oft einsetzenden Angst-Abwehr-Vorgänge, auf die wir im nächsten Kapitel noch näher eingehen, haben mit der eigentlichen Informationsverarbeitung nur indirekt zu tun, sie erhöhen jedoch vielfach die Belastung und führen früher oder später zu Leistungsminderung und unangemessenem Verhalten, wodurch unter Umständen neue Ängste ausgelöst werden. Abgesehen von der Verminderung der Leistung kann die Überlastung auch zu mehr oder weniger dauerhafter Verstellung innerorganismischer Sollwerte (Blutdruck, Temperatur usw.) führen, also funktionelle Störungen auslösen.

Ohne Kompaß oder Leitlinien geht es schlecht

Wie auch immer der einzelne sein Selbstvertrauen, eine Sphäre relativer Angstfreiheit und leistungsfähiger Kreativität findet, ob in der Gruppe oder im Alleinsein, ob im ständigen Wechsel neuer Erlebnisse und Beziehungen oder in der genau durchdachten Ordnung und Routine eines gleichbleibenden Tagesablaufs, ob er sich durch die Verwirklichung ethischer Zielstellungen oder durch die Anhäufung von sichtbarem Wohlstand Ansehen und Angstfreiheit verspricht, sein Verhalten läßt in jedem Fall eine innere Richtlinie erkennen, auch wenn sie ihm nicht immer bewußt ist. Das heißt, er richtet sich bewußt oder unbewußt nach einem Orientierungssystem und daraus abgeleiteten Bezugspunkten. In experimentellen psychologischen Untersuchungen wurden Versuchspersonen in Situationen gebracht etwa ähnlich der eines Fliegers, welcher ohne Radargerät im dichten Nebel fliegt, d. h., die meisten normalen Orientierungspunkte waren experimentell aufgehoben worden. (Solche Untersuchungen wurden im verdunkelten Raum mit einer winzigen Lichtquelle [zur Erforschung des autokinetischen Phänomens] mit Reizverarmung [unter weitgehender Ausblendung von Sehen, Hören und Fühlen] und schließlich unter Ausschaltung der Schwerkraft durchgeführt.) Unter derartigen Umständen zeigte sich eine hochgradige Verunsicherung der Versuchspersonen. Sie waren außerordentlich leicht zu irritieren und zu ängstigen, nicht selten kam es zu akuten psychischen Störungen. Es kann daher nicht genug betont werden, wie wichtig es im täglichen Leben ist, es jedem Menschen zu ermöglichen, sich ein geeignetes Orientierungssystem zu schaffen. Dazu gehört allerdings unter anderem auch, daß er die Möglichkeit erhält, „durchzusehen", d. h., bei der Arbeit wie im Privatleben einen Überblick über die Gesamtsituation – Pläne, Perspektiven, Anforderungen und Erwartungen – zu gewinnen. Diese Forderung ist bereits wesentlicher Bestandteil sozialistischer Wirtschaftsführung und Demokratie.

Bei Krankheiten werden Patienten auf Grund von Unsicherheit und ungenügendem Wissen vielfach von völlig unnötigen Befürchtungen aller Art gequält. Dadurch kommt es leicht zur Verschlechterung des Befindens. Ängste verbrauchen Energie, die dann dem körperlichen Gesundungsprozeß entzogen wird. Krankheiten und Schmerzen werden durch angstvolle Zweifel immer negativ beeinflußt. Daher hat das vertrauensvolle Ge-

Käthe Kollwitz, Der Tod packt eine Frau (1934)

spräch mit dem Arzt erhöhte Bedeutung, um dem Patienten Orientierung, Sicherheit und Klarheit zu bieten. In einer Zeit, in der eine hochgradig technisierte Diagnostik und Datenverarbeitung die Gefahr zunehmender Distanz zwischen Patient und Arzt aufkommen läßt, ist dies besonders wichtig.

Im Vorfeld der Verteidigung – Angstabwehrmechanismen

Der menschliche Organismus verfügt über ein großartig gestaffeltes System von Verteidigungsmechanismen gegen viele mögliche Gefahren. Die Sinnesorgane sind imstande, eine drohende Gefahr schon aus der Ferne zu erkennen und entsprechende Signale an das Gehirn weiterzugeben, das fähig ist, die Größe der Gefahr einzuschätzen und Abwehrmaßnahmen einzuleiten. Die Angst, die im Gefolge dieser Einschätzung entsteht und alle Reserven zur Verteidigung (bzw. zur Aufhebung der Gefahr) mobilisiert, ist ein wichtiger Teil der Verteidigung gegen von außen drohende Gefahren. Kommt die Bedrohung, z. B. Bakterien, ein Insekt, eine schädliche Substanz, durch die äußere Verteidigung hindurch auf Hautnähe heran, so vermögen die unterschiedlichen Hautschichten, Haarkleid und Kleidung ebenfalls noch einen gewissen Schutz zu übernehmen, was manche Mücke mit dem Tod bezahlen muß. Gelangt die Gefährdung durch die Haut bzw. durch Körperöffnungen in das Innere des Organismus, tritt der dritte Verteidigungsmechanismus in Kraft. Besondere Zellen versuchen, den Eindringling unschädlich zu machen, andere reparieren den in Haut und Geweben entstandenen Schaden. Erst wenn auch diese Verteidigungslinie versagt, tritt die Krankheit (als vierte Verteidigungsbarriere) mit allen ihren Auswirkungen ein, und manchmal gelingt es dadurch auch dann noch (z. B. im Gefolge hohen Fiebers), den Schädling zu vernichten.

Es kommt jedoch auch vor, daß die Verteidigungsmechanismen zuviel des Guten tun, nicht nur den Schädling angreifen, sondern den Körper schließlich selbst gefährden (man nennt das Autoaggression). Auch die Angst kann über das eigentliche Ziel hinausschießen und, statt den Körper zu mobilisieren, die notwendige Erholung stören oder Energie verbrauchen, die für innerorganismische Abwehr dringend gebraucht wird. Ängste können unverhältnismäßig stark werden und dadurch die normale Funktion des Körpers gefährden.

Gehen wir zunächst von den unmittelbar spontanen Angstreaktionen aus, die beim Erkennen einer Bedrohung ablaufen, Reaktionen, die wir schon bei den höher entwickelten Tieren beobachten konnten: Flucht, Kampf und Sichtotstellen. Diese Verhaltensweisen sind auch in der menschlichen Gesellschaft gelegentlich noch sinnvoll, z. B. wenn es gelingt, einem außer Kontrolle geratenen Auto auszuweichen, oder wenn wir einem tätlichen Angriff durch überlegene Taktik (Judo) erfolgreich entgegentreten, ebenso wenn man in einem Kriegsgebiet der Sicht niedrig fliegender Jagdflieger durch völlige Unbeweglichkeit, ähnlich dem Sichtotstellen, zu entgehen versucht. Ist die Gefahr überstanden, schwindet die unmittelbare Angst. Aber in einer großen Zahl von Situationen, mit denen wir es in der heutigen Gesellschaft zu tun haben, erfüllen derartige spontane Angstreaktionen ihren Zweck nicht, ja sie können unter Umständen dazu beitragen, die Schwierigkeit noch zu vergrößern. Wenn wir z. B. aus Angst vor einer Prüfung dem Unterricht fernbleiben bzw. aus Angst vor den Folgen eines Fehlers, den wir im Straßenverkehr gemacht haben, vor dem nahenden Polizisten die Flucht ergreifen, so wird die Situation erst recht schwierig und die Angst noch verstärkt.

Eine Möglichkeit, Gefahren und daraus entspringenden Ängsten zu entgehen, besteht darin, sie vorausschauend zu erkennen und rechtzeitig entsprechende Vorkehrungen zu treffen. Wir alle tun das, wenn wir z. B. Versicherungen abschließen oder Sparkonten eröffnen, Sicherheitsschlösser einbauen oder zu vorbeugenden ärztlichen Untersuchungen oder Impfungen gehen. Manches wird uns auch zur Gewohnheit, so daß wir uns gar nicht darüber klar werden, bei wie vielen Handlungen eine versteckte Angst mit im Spiel ist:

z. B. wenn wir den Wecker stellen, um nicht zu verschlafen; frühzeitig das Haus verlassen, damit wir nicht zu spät zur Arbeit oder wichtigen Besprechungen kommen; Ordnung halten, um nicht die Übersicht zu verlieren; Unfallquellen beseitigen usw. Aber die Tendenz, Gefahren möglichst vorauszusehen, kann auch – wie wir im vorigen Kapitel sahen – so übersteigert werden, daß wir uns dadurch stark einengen und unter Umständen gesunde Spontanität und Lebensfreude verlieren.

Oft ist es trotz größter Vorsicht nicht möglich, alle Gefahren auszuschalten. In unserer modernen Gesellschaft gibt es vielfältige Widersprüche und Konflikte, auch wenn die zerstörerischen Widersprüche zwischen den Klassen in den sozialistischen Ländern aufgehoben wurden. Zwar wissen wir, daß Widersprüche den Fortschritt fördern, aber zunächst bedeuten Konflikte Aufregung, Angst und Aggression, gleichgültig ob sie im Beruf oder in der Familie, auf Sportplätzen, in der Kaufhalle oder auf der Straße auftreten. Hier kann die Angst ein schädliches Ausmaß erreichen, auch wenn beim ursprünglichen Anlaß nur geringfügige Gefahr bestand.

Ebenso gibt es Konflikte, die sich in unserem Kopf abspielen, ohne daß ein anderer Mensch direkt daran beteiligt ist. Wenn wir z. B. etwas tun wollen, von dem wir wissen, daß es strafbar ist, oder das unsere Eltern oder andere Vorbilder nicht billigen würden, so kann das starke Schuldgefühle, Gewissensbisse und Angst auslösen, die so weit geht, daß unsere Leistungsfähigkeit darunter leidet oder körperliche Störungen auftreten. Es ist leicht gesagt, daß sich Konflikte zwischen Bürgern doch durch eine vernünftige Aussprache regeln lassen oder daß innere Konflikte sich durch eine offene Unterhaltung mit einem Freund, dem wir vertrauen können, klären lassen. Tatsache ist, daß die in solchen Situationen auftretenden Spannungen und Ängste uns oftmals so stark mitnehmen, daß wir einfach nicht imstande sind, allein einen vernünftigen Lösungsweg zu finden. Auch in derartigen Situationen verfügt der menschliche Organismus über eine ganze Reihe unterschiedlicher Angstabwehrmaßnahmen.

Nicht sein kann, was nicht sein darf

Eine verbreitete Form der Angstabwehr ist das *Verleugnen*. Dabei wird die Wahrscheinlichkeit eines drohenden Ereignisses unterschätzt, bagatellisiert („So schlimm wird das schon nicht werden“) oder verneint („Das kann doch mir nicht passieren“). Auf diese Weise läßt sich auch erklären, warum Menschen trotz Informationen über die Schädlichkeit des Nikotins und trotz ihrer Kenntnis von Statistiken über Krebs- und Kreislaufkrankheiten weiterrauchen.

Leugnen kann sogar bei einer wirklich unabwendbaren Gefahr auftreten. Wenn beispielsweise einem Patienten nach einem Verkehrsunfall oder auch nach jahrzehntelangem starken Rauchen vom Arzt mitgeteilt wird, daß sein Bein amputiert werden muß, so entsteht angesichts dieser furchtbaren Realität entsetzliche Angst. Manchmal versuchen Patienten nach einer derartigen Mitteilung, von Panik überwältigt, sich etwas anzutun. Es geschieht aber auch nicht selten, daß der Patient nach dem ersten Schock glaubt, er habe das Ganze vielleicht nur geträumt oder der Arzt habe ihn für den Patienten von nebenan gehalten und es träfe nicht auf ihn zu. So kann er vorübergehend abschalten und zumindest etwas stärkenden Schlaf finden. Wenn auch ein derartiges Leugnen der Gefahr an dem realen Zustand selbst nichts zu ändern vermag, so kann es zumindest kurzzeitig den psychischen Schock – die Angst – abfangen und so die Umstellung auf die neue Situation erleichtern.

Gedächtnislücke?

Eine wichtige Form der Angstabwehr ist die sogenannte *Verdrängung*: Wenn jemand ganz stark einen Wunsch verspürt, der mit seiner ganzen Lebenshaltung im Widerspruch steht (z. B. wenn er einen begehrten Gegenstand am liebsten unbemerkt entwenden will), so geschieht es nicht selten, daß dieser konfliktvolle Wunsch (konfliktvoll, weil seine Verwirklichung einerseits große Lust, aber andererseits, abgesehen von möglicher Strafe, Abscheu vor der eigenen Handlung auslösen würde) ganz schnell aus dem Bewußtsein schwindet. Im Gegensatz zum normalen Vergessen, bei dem Vorgänge, die wir einmal gewußt haben und an die wir uns auch erinnern konnten, nach einiger Zeit aus dem Gedächtnis schwinden, geht beim Verdrängen das Vergessen meist ganz plötzlich vor sich. Dem liegt das Bedürfnis zugrunde, Angst möglichst nicht erst aufkommen zu lassen. Das unterdrückte Begehren kann jedoch in dieser oder jener Form später wieder im Bewußtsein auftauchen und auf Verwirklichung drängen.

Oft ist es nicht möglich, eine klare Trennung zwischen Vergessen und Verdrängen vorzunehmen. Wenn wir z. B. einen für uns peinlichen Zwischenfall, der sich vor einer Woche ereignet hat, „völlig vergessen" haben, während wir uns an andere Einzelheiten des Tages noch recht gut erinnern, weiß man nicht genau, ist er verdrängt oder vergessen? Verdrängung tritt gehäuft vor allem bei kontaktfreudigen, dramatisierenden Menschen auf, die Gefahren möglichst nicht wahrhaben wollen, also bei Persönlichkeitszügen, die in übermäßiger Ausprägung zu hysterischem Verhalten führen. Da angstauslösende Konflikte, die verdrängt wurden, im Unterbewußten weiterwirken, also nicht länger bewußt sind, ist es schwierig, sie aufzufinden und zu behandeln. Es ist allerdings möglich, verdrängtes Wissen durch Hypnose wieder ins Bewußtsein zu rufen und so seine Existenz zu bestätigen. In speziellen psychologischen Untersuchungen läßt sich ebenfalls das Bestehen von verdrängter Angst an einer Reihe charakteristischer Reaktionen nachweisen, etwa im Wortassoziationstest durch Zeitverzögerung und unangemessene Assoziationen. Unbewußt vorhandene Angst läßt sich auch an Hand verschiedener physiologischer Begleiterscheinungen (Veränderungen der elektrischen Hautleitfähigkeit, verschiedener Herz-Kreislauf-Meßwerte, Spurenelemente im Urin usw.) in entsprechenden biophysischen und -chemischen Untersuchungen nachweisen. (Diese Meßmethoden sind, nebenbei bemerkt, die hauptsächlichen Möglichkeiten, mit denen man im Tierversuch das Auftreten von Angstkomponenten feststellen kann.) Auf diese Weise ist es auch möglich zu ermitteln, ob nach erfolgter Behandlung die Angst wirklich bewältigt und abgebaut wurde oder nur unterdrückt oder geleugnet wird, was zuweilen geschieht, weil man dem Therapeuten einen Gefallen tun oder ihn nicht enttäuschen möchte.

Du bist schuld

Manchmal geschieht es auch, wenn die eigenen Wünsche und Impulse allzu unannehmbar sind, daß sie in einer eigenartigen Verkehrung einem anderen angedichtet, gewissermaßen in den anderen hineinverlegt werden. Das nennt man *Projektion*, z. B. wenn das kleine Kind, ärgerlich auf die Mutter, diese schlagen will, es aber erst wirklich zu tun wagt, nachdem es gerufen hat: „Böse Mutti, du willst mich schlagen." Will man sich nicht eingestehen, daß aus der Liebe zum Lebensgefährten Haßgefühle entstanden sind, so sucht und findet man beim Partner Hinweise dafür, daß er seinerseits voller Haß ist. Eine derartige Projektion der eigenen unannehmbaren Wünsche und Impulse in einen anderen verringert zunächst den inneren Konflikt und die sich daraus ergebende Angst, sie kann aber leicht zu neuen, größeren Konflikten führen. Wenn beispielsweise eigene Angriffstendenzen dadurch annehmbar gemacht werden, daß ein anderer als potentieller Angreifer gesehen wird, verstärken sich die eigenen Aggressionsabsichten, nun getarnt als Reaktion auf die vermeintlichen Angriffstendenzen des anderen. So entwickelt sich ein Teufelskreis, der schließlich in einen krankhaften Verfolgungswahn ausarten kann.

Bin ich nicht ein guter Mensch?

Eine andere Art der Abwehr von Angst, die durch Wünsche und Gelüste entsteht, welche sich so im Widerspruch zur eigenen Moral befinden, daß man sie sich nicht einzugestehen wagt, ist die sogenannte *Reaktionsbildung*. Der Ausweg besteht in der heuchlerisch anmutenden Unterdrückung der Gelüste und deren Verkehrung in ihr Gegenteil. Ein Mensch, der sehr starke Begierden nach sexuellen Beziehungen hat, die seiner ethischen Grundhaltung widersprechen, wird zum Sittenapostel, der es sich zur Aufgabe macht, Gefährdete vor den „Gefahren der Sexualität" zu schützen. Als Verantwortlicher in Vereinen, die z. B. gegen Pornographie auftreten, hat er Zugang zur beschlagnahmten Literatur, die er dann in Muße und mit gutem Gewissen betrachten kann.

Mit Worten ein System bereiten

Der Mensch, bei dem Intellekt und Logik besonders entwickelt sind, wehrt Ängste und Schuldgefühle vielfach durch *Rationalisierung* ab. Er „erklärt" seine konflikthaften Impulse mit logischen oder pseudologischen Argumenten, die im Grunde jedoch nicht fundiert oder sogar teilweise falsch sind. Unter dem Anschein fein ausgesponnener Logik und Aufrichtigkeit verbessert sich sein Selbstbild, und eine mehr oder weniger überzeugend maskierte Entschuldigung des eigenen Verhaltens wird geschaffen. Auch der Fuchs in der Fabel, der trotz größter Anstrengungen die Trauben, die zu hoch hängen, nicht erreichen kann, rationalisiert, wenn er sich schließlich mit den Worten davonmacht: „Die sind mir ja sowieso zu sauer."

Mit diesen Beispielen von unbewußten Abwehrmechanismen gegen angsterzeugende Wünsche und Impulse sollte gezeigt werden, in wieviel eigenartigen Maskierungen die Angst auftreten kann. Es dürfte aber auch wohl deutlich geworden sein, daß diese Abwehrmechanismen als Mittel zur Problembewältigung und Angstminderung nur unzureichend tauglich sind. Nach möglicherweise vorübergehender Erleichterung tragen sie häufig zur Beibehaltung, ja sogar zur Verstärkung von Ängsten bei und leiten psychische Fehlentwicklungen ein, Neurosen, die quälend für den Patienten sind und auch sehr belastend für seine Familie sein können.

Na warte!

Vielfach steht einer Wunschrealisierung jedoch nicht so sehr ein inneres Schuld- oder Angstgefühl entgegen, als vielmehr ihre Unvereinbarkeit mit der harten Wirklichkeit. Schon bei der Nichtbefriedigung (Frustration) eines relativ kleinen Wunsches erleben wir häufig Ärger und *Aggressionen*. Da ist das kleine Mädchen in der

Frustration
ist die Vorenthaltung erstrebter Bedürfnisbefriedigung, das Erlebnis einer wirklichen oder vermeintlichen Benachteiligung, enttäuschter Erwartung oder erlittener Ungerechtigkeit. Psychologen konnten nachweisen, daß Frustration unter bestimmten Umständen Aggression auszulösen vermag. Heute weiß man, daß Frustration jedoch auch eine Verhaltensfixierung (ständige Wiederholung des nicht erfolgreichen Verhaltens), Regression (Rückentwicklung bereits differenzierter Verhaltensweisen) sowie Depressionen bewirken kann.

Kaufhalle, das immer wieder die Mutter auffordert: „Ich will ein Eis haben." Als die Mutter schließlich an der Eistruhe vorbeigeht, ohne haltzumachen, bricht es in ein lautes Geheul aus und will die Mutter treten. Die Nichterfüllung des Wunsches führt unmittelbar zu aggressivem Verhalten. Der reifer werdende und erwachsene Mensch erlebt oft, daß Wünsche, die ihm wichtig sind, nicht erfüllt werden. Derartige Frustrationen lösen nicht selten Angst und Wutgefühle über das eigene Unvermögen aus, die dann aggressiv an anderen abreagiert werden. Untersuchungen einiger amerikanischer Psychologen in den 50er Jahren führten zunächst zu der Annahme, daß jede Frustration immer Aggression auslösen würde. Heute wissen wir auf Grund neuerer Untersuchungen, daß auch andere Reaktionsweisen (wie Resignation, Depression, starre Fixation, Regression usw., siehe weiter unten) möglich sind.

Aber bleiben wir zunächst noch bei der Aggression. Abgesehen von Frustration oder Versagen, kann Aggression noch viele äußere Ursachen, wie erlittene Aggression, Streit, zwischenmenschliche Konflikte und sogar auch innere Konflikte als Auslöser haben. In all diesen Situationen entstehen starke negative Emotionen wie Angst, Wut, Haß usw., die Ausdruck der eigenen Schwäche bzw. der Nichtübereinstimmung von Leistungswunsch und wirklicher Leistung sind. Derartige Aggressionen richten sich zunächst gegen denjenigen, der absichtlich oder unabsichtlich diese Nichtübereinstimmung unmittelbar deutlich machte. Wenn sich jedoch eine Aggression in dieser Richtung als gefährlich erweist, weil der „Gegner" zu stark oder zu einflußreich ist, so kommt es zu einer Verschiebung auf oft völlig Unbeteiligte (Ehepartner, Kinder, Freunde, Nachbarn). Schließlich kann es sogar dazu kommen, daß man andere dadurch zu bestrafen versucht, daß man sich selbst schadet, nach dem Motto: „Es geschieht meinem Vater recht, wenn mir ein Ohr abfriert, warum kauft er mir nicht die schöne Mütze!"

Der heranwachsende Mensch wird normalerweise

durch Erziehungsprozesse zur Erkenntnis geführt, daß mit Aggression in unserer Gesellschaft keine Lösung seiner Probleme zu erreichen ist, ja daß diese im allgemeinen damit eher noch vergrößert werden. Manche verbrämte Formen der Aggression aber, die nicht auf den ersten Blick als angstgesteuertes, aggressives Verhalten zu erkennen sind (egozentrische Einstellung z. B., die anderen Menschen Möglichkeiten zur eigenen Entfaltung und zum Genuß der Freizeit beschneidet, egoistische Ausnutzung der Autorität, rücksichtslose Autoraserei usw.), entgehen oft den Erziehungseinflüssen. Aggressionen sind selten geeignet, Schwierigkeiten zu überwinden, sie vergrößern eher noch das Dilemma und wirken sich letztendlich angstverstärkend aus. So kann die aggressive Reaktion wie ein Bumerang zurückkommen, wenn diejenigen, gegen die sie gerichtet ist, mit gleicher Münze heimzahlen.

Mehr desselben

Versagenserlebnisse und Frustrationen können insbesondere bei Menschen, die nicht zur Aggression neigen, auch andere Auswirkungen haben. *Fixierung* stellt eine derartige Möglichkeit dar.

In einer Situation, aus der es keinen Ausweg zu geben scheint, geschieht es immer wieder, daß der Betreffende auf dem einmal versuchten Lösungsweg beharrt, obwohl er eigentlich längst erkannt haben müßte, daß er nicht zum Ziel führen kann. So versucht der Eingesperrte immer wieder mit den gleichen Bewegungen, die Tür zu öffnen, die hinter ihm zuschlug, obwohl er längst begriffen hat, daß es so nicht geht. Eine derartige Fixierung ist als Ausdruck der Ratlosigkeit angesichts einer unlösbaren Aufgabe zu werten. Auch im Zusammenleben mit anderen werden insbesondere in schwierigen, angstauslösenden Situationen von manchen Menschen immer wieder die gleichen erfolglosen Verhaltensweisen und Strategien angewandt. Viele Ehepartner z. B. versuchen immer wieder, sich gegenseitig mit immer den gleichen unverändert untauglichen Mitteln zu beeinflussen. Mangelnde Bereitschaft, das eigene Verhalten kritisch zu betrachten und neue Wege zu suchen, hängt oft mit der Angst zusammen, die sich möglicherweise dabei entwickeln könnte.

Selig, o selig, ein Kind noch zu sein!

Eine weitere Form, Angst abzuwenden, ist die *Regression* (Rückentwicklung). Angesichts der Erfolglosigkeit des gegenwärtigen Bemühens, Schwierigkeiten zu überwinden, erscheint ein früheres Entwicklungsstadium in rosigem Licht (wie manche Menschen bei auftretenden Schwierigkeiten von der „guten alten Zeit" schwärmen). Ohne daß man es beabsichtigt, fällt man wieder auf Verhaltensweisen zurück, die in einer früheren Entwicklungsstufe vorherrschend und angemessen waren. Mit dem Streben nach Rückkehr in frühere Lebensperioden, die durch geringere Verantwortung und größere Abhängigkeit gekennzeichnet waren, möchte man der gegenwärtigen Schwierigkeit und Angst entgehen. Ein bekanntes Beispiel einer derartigen Regression – die natürlich immer nur ein teilweiser Rückschritt ist – läßt sich bei einem Kleinkind beobachten, das, bereits zur Sauberkeit erzogen, die Toilette rechtzeitig allein aufsuchte und auch nachts trocken blieb. Nach der Ankunft eines Geschwisterchens, das zunächst naturgemäß einen größeren Teil der Aufmerksamkeit der Eltern auf sich zieht, fühlt sich dieses Kind zurückgesetzt und weniger geborgen und verliert in diesem Zustand erlebten Verlustes von Zuwendung wieder die Beherrschung der Blasen- und Darmentleerung. Manches Kleinkind möchte in dieser Situation nicht einmal mehr sein Süppchen mit dem Löffel essen, sondern wie das Baby mit der Flasche gefüttert werden. Doch finden wir derartige Regressionen keineswegs nur bei Kleinkindern. Manche Jugendliche haben Schwierigkeiten, den

Übergang ins Erwachsenenalter zu vollziehen, sei es, weil bei der Reifung der Gefühle Störungen auftreten oder weil schlechte oder falsch verstandene Gebote und Verbote die Entwicklung behindern. Die größere Verantwortung im Erwachsenenalter und die Übernahme eines reiferen Sexualverhaltens sind für sie so konfliktvoll und belastend, daß sie sie am liebsten nicht wahrhaben wollen. Angst treibt vor allem manche Mädchen zu Verhaltensweisen, die ihre körperliche Weiterentwicklung hemmen und gefährden. Sie essen zuwenig und pressen sich in enge Kleidung, um die sich entwickelnden weiblichen Körperformen zu verstecken.

Auch Erwachsene zeigen Regressionstendenzen, wenn zwischenmenschliche Konflikte, Krankheiten oder sonstige traumatische Ereignisse sie aus dem inneren Gleichgewicht gebracht haben. Ein Beispiel: Ein Vater, pflichtbewußt und tüchtig in Beruf und Familie, verliert durch einen Unfall seine körperlich-geistige Belastbarkeit. Verunsichert klammert er sich nun übermäßig an Frau und Kinder. Diese fühlen sich zu dieser Unterstützung verpflichtet und wagen nicht den Rückzug aus der Umklammerung. So verharrt der Kranke in seiner Unselbständigkeit, spürt aber auch, daß er den anderen zur Last fällt. Dadurch werden seine Unsicherheit und Angst vor dem Verlassenwerden immer wieder erneuert.

Bei Krankheiten und nach übermäßigem Streß kann eine vorübergehende Teilregression durchaus auch dem Gesundungs- bzw. Erholungsprozeß dienen. Eine unter solchen Umständen normale und angepaßte Passivierung und zeitweilige Verminderung der Initiative wird aber in dem Maße, in dem sich der Körper erholt und kräftigt, wieder ausgeglichen.

Neben den beschriebenen Auswirkungen und Abwehrmaßnahmen bei starken Ängsten – Leugnung, Verdrängung, Projektion, Reaktionsbildung, Rationalisierung, Aggression, Fixierung, und Regression –, bei denen die ursprüngliche Angst so umgewandelt – oder maskiert – erscheint, daß sie nicht wiederzuerkennen ist, bleibt noch ein anderes wichtiges Geschehen zu nennen:

Ich werd' nicht mehr

Ängste rufen, wie wir sahen, immer zugleich starke seelische und körperliche Spannungen und Veränderungen hervor. Je nachdem, wo der Betreffende seine Schwachpunkte hat, kann es geschehen, daß entweder die seelischen oder die körperlichen Störungen nicht durch entsprechende Ausgleichsmechanismen abgefangen werden, sondern Schaden verursachen. Haben wir uns bisher mit eventuell auftretenden seelischen Schwierigkeiten befaßt, so müssen wir nun noch kurz aufzeigen, was geschieht, wenn die körperliche Wirkung der Angst stärker im Vordergrund steht. Meist werden die physiologischen Vorgänge der Angst eine vorübergehende Mobilisierung aller Reserven und eine ebenso vorübergehende Veränderung der biochemischen Zusammensetzung des Blutes mit sich bringen. Wie eine elastische Feder nach Verschwinden der Belastung wieder in die Ausgangslage zurückschwingt, so kehren auch die physiologischen Abläufe nach Aufhören der Angst wieder in den Normalzustand zurück. Wenn jedoch Ängste sehr lange andauern – es muß sich dabei keineswegs immer um bewußte Ängste handeln – oder wenn der Organismus durch viele Angsterlebnisse übermäßig empfindlich (ängstlich) geworden ist, ebenso wenn Ängste besonders heftig auftreten, dann können auch die physiologischen Veränderungen eine so einschneidende und nachhaltige Wirkung haben, daß sie – wie die Ingenieure sagen – die normalen Sollwerte dauerhaft verstellen, d. h., daß auch nach Aufhören der Angst einige der unter der Belastung veränderten Funktionen nicht wieder in die normale Ausgangslage zurückkehren. Beispielsweise können Blutzuckerwerte weiter erhöht, die Muskeln übermäßig angespannt bleiben, erhöhte Blutdruckwerte beibehalten werden und Herz und Lunge die Mehrarbeit fortsetzen. Es kommt dann früher oder später zum Auftreten von Krankheitssymptomen, auch Somatisierung genannt. Bekannt ist die sogenannte Managerkrankheit, die auftritt, wenn ein Betriebsleiter zu intensiv und zu lange stark belastet ist und die damit verbundene innere Spannung nicht abreagieren bzw. in körperliche Aktivität umsetzen kann.

Man spricht bei derartigen Erkrankungen auch von *psychosomatischen oder zerebro-viszeralen Krankheiten*, weil in so hohem Maße psychosoziale Einflüsse an ihrer Entstehung und Aufrechterhaltung beteiligt sind.

> Bei *psychosomatischen Störungen*
> ist der Einfluß psychischer Konflikte und daraus resultierender Spannungs- und Erregungsprozesse von großer Bedeutung. Zumeist liegen bei derartigen Krankheiten sowohl Funktionsstörungen als auch somatische (körperliche) Befunde vor. Diese treten gehäuft nach konfliktvollen Lebensveränderungen (Krisensituationen) in Erscheinung. Als psychosomatische Erkrankungen gelten gemeinhin: funktionelle Magen- und Darmstörungen sowie Magen- und Darmgeschwüre, Herz- und Kreislaufkrankheiten, wie einige Herzrhythmusstörungen und Bluthochdruck, die nicht Folge anderer Organerkrankungen sind, ebenso wie Migräne, bestimmte Formen von Hauterkrankungen, Asthma usw.

Dazu gehören vor allem Faktoren, die Angst und Spannung verursachen, z. B. das Gefühl, der Verantwortung nicht gerecht werden zu können, einer Aufgabe einfach nicht gewachsen zu sein, allein und verlassen unüberwindlichen Schwierigkeiten gegenüberzustehen usw. Allerdings spielen neben diesen seelischen Belastungen auch körperliche Momente, sogenannte Risikofaktoren beim Entstehen dieser Erkrankungen eine Rolle: Faktoren wie Rauchen, Alkohol- und Medikamentenmißbrauch, mangelnde Bewegung, bereits bestehender Bluthochdruck und zu hohe Blutfettwerte, um nur einige zu nennen. Die psychosomatischen Erkrankungen sind entweder krankhafte Veränderungen an inneren Organen oder Funktionsstörungen, die vielleicht noch nicht ihren Niederschlag in erkennbaren organischen Veränderungen gefunden haben. Als Beispiele solcher Krankheiten seien genannt: entzündliche Veränderungen von Magen und Darm sowie der Gallenblase, verschiedene Herzerkrankungen, Veränderungen von Drüsen mit innerer Sekretion, Schilddrüsenüber- bzw. -unterfunktion, Fett- und Magersucht. Ferner sind Bluthochdruck (vorausgesetzt, daß er sich nicht als Begleiterscheinung einer anderen Krankheit entwickelt hat), manche Herzrhythmusstörungen und gewisse Formen von Asthma, Migräne und Allergien (Überempfindlichkeit) usw. zu erwähnen.

Manche dieser Erkrankungen können ebenso wie die vorher besprochenen psychischen Störungen unter größeren Belastungen auch als vorübergehende Erscheinungen auftreten, die bei widerstandsfähigen Menschen mit Wegfall der Belastung ohne spezielle Behandlung wieder abklingen, wenn der Betreffende gelernt hat, sich zu entspannen, und für Erholung gesorgt ist. Handelt es sich jedoch um bereits längere Zeit bestehende ernste Veränderungen oder um geschwächte bzw. wenig widerstandsfähige Menschen – das kann letztlich nur der Arzt entscheiden –, so ist eine zunächst medikamentös eingeleitete Therapie zur organischen Wiederherstellung oft unerläßlich. Gleichzeitig kommt es jedoch auch darauf an, eine Konfliktbereinigung vorzunehmen und dem Patienten beizubringen, die notwendigen Entspannungs- und Bewältigungsmethoden (siehe nächstes Kapitel) selbst zu beherrschen, um eine dauerhafte Genesung zu erreichen.

Konstruktive Reaktionen

Abschließend sei noch auf einige Möglichkeiten hingewiesen, die es uns erleichtern, mit auftretenden Ängsten fertig zu werden: In einer zwischenmenschlichen Beziehung entstehen zuweilen Meinungsverschiedenheiten und heftige Auseinandersetzungen, deren Austragung starke negative Gefühle, insbesondere Ängste, mit sich bringt. Manchmal gelingt es, die gereizten Gemüter durch *Ablenkung* ein wenig zu beschwichtigen und dadurch die Atmosphäre für einen günstigen Abschluß des Konfliktes zu verbessern. Als Ablenkungsmöglichkeiten sind allgemein *Essen, Trinken und Rauchen* bekannt. Nach einem gemeinsamen guten Essen sieht manches weniger bedrohlich aus. Ein sogenanntes Arbeitsessen kann unter Umständen unnötige Spannungen während Verhandlungen abbauen. Wenn allerdings diese Art der Ablenkung zur Gewohnheit wird, können natürlich auch negative Wirkungen auftreten. Sind Angst und Spannung zu ausgeprägt, werden sie durch Essen und Trinken nicht verringert, sondern tragen im Gegenteil zur Störung der Verdauung und verstärktem Unbehagen bei. Daß Nikotin eine nicht ungefährliche Droge ist, die den Körper auf die Dauer schwer schädigt, braucht hier nicht extra ausgeführt zu werden. Eine gemeinsame Mahlzeit kann dagegen in einer besonders spannungsgeladenen Situation als Ablenkung und Unterbrechung gelegentlich gute Dienste leisten. Auch *Sport* und *rhythmisches Bewegen* (Tanz, Popgymnastik) usw. können ebenso wie ein *gesundes Sichausarbeiten* Ängste und Erregung verringern. Manchmal zeigt sich ein Bedürfnis nach verstärkter körperlicher Aktivität in sogenannten Übersprungbewegungen. Selbst mit solchen scheinbar ziellosen Aktivitäten läßt sich momentane Übererregung dämpfen. Manche Menschen laufen dabei auf und ab, kratzen sich, trommeln mit den Fingern, reiben sich die Hände usw. Der Schüler kaut am Kugelschreiber, verbiegt Büroklammern, malt auf den Heftrand usw.

Besonders wirksam kann ein *verständnisvolles Gespräch* bei der Überwindung von Erregungen und Ängsten sein. Eventuell kann auch eine humorvolle Bemerkung die Schärfe harter Gegensätze mildern. Umlenkung des Gesprächs auf persönliche Erlebnisse (Erfahrungen mit kleinen Kindern, aber auch Abenteuer und ungewöhnliche Begebenheiten) können eine Wendung zu besserem Verständnis in Gang setzen. Schließlich sei noch der gemeinsame Besuch kultureller Darbietungen als Mittel, von Diskrepanzen abzulenken und Gemeinsamkeiten zu betonen, erwähnt.

Derartige Ablenkungen von ängstigenden Situationen und psychischen Spannungen erfolgen manchmal spontan und unabsichtlich. Nur wenige Menschen haben in Momenten starker Spannung den Überblick, um sich dieser Methode gezielt und vorsätzlich zu bedienen.

Positiv und anpassungsfördernd wirken auch *Kompensation* bzw. Überkompensation und *Sublimierung*: Wenn die Angst eines Menschen vor Versagenserlebnissen groß ist, kann es vorkommen, daß der Betreffende sich besondere Mühe gibt, um Fertigkeiten, die er nicht genügend zu beherrschen glaubt, systematisch zu verbessern. So kann es geschehen, wenn er genügend Geduld aufbringt und konsequent trainiert, daß er auf dem Gebiet, auf dem er zu versagen fürchtete (z. B. beim Schulturnen), sogar überdurchschnittliche Leistungen zustande bringt. Demosthenes, einer der erfolgreichsten Redner im antiken Athen, war ursprünglich ein Mensch, der nur stotternd sprechen konnte. Ein anderes Beispiel für *Überkompensation* fanden wir bei einem Mädchen, das bis zu seinem 11. Lebensjahr gestottert hatte und später Lehrerin geworden ist. Auch sahen wir einen Jugendlichen, der als Kind große Angst vor Hunden hatte; gegenwärtig befaßt er sich mit dem Abrichten von Polizeihunden. *Kompensation* kann auch darin bestehen, daß man zum Ausgleich einer unterentwickelten Fertigkeit oder Fähigkeit Leistungen auf einem anderen Gebiet besonders hochtreibt. So kann der

Sehgeschädigte sein Hörvermögen zu besonders feiner Differenzierungsfähigkeit entwickeln, der Gehbehinderte seine Armmuskeln derartig trainieren, daß er imstande ist, mit Stützen Außerordentliches zu leisten. Bei der *Sublimierung* handelt es sich zumeist darum, daß ein verbotener oder nicht zugelassener Wunsch so umgeformt wird, daß daraus eine lobenswerte, gesellschaftlich anerkannte Leistung wird, z. B. wenn ein Mensch, der sich in Versuchung fühlt, ein Verbrechen zu begehen, einen Kriminalroman schreibt; auch wenn der junge Goethe, der an starken Ängsten vor Geschlechtskrankheiten gelitten haben soll, statt wirkliche Sexualbeziehungen einzugehen, solche Beziehungen in literarisch unübertroffener Weise ausmalt.

Vom Umgang mit der Angst (Bewältigung)

Vielleicht wäre es möglich, mit einer besonderen Pille sämtliche Ängste weitgehend auszuschalten? Zweifellos würden gesunde Menschen, die eine solche Pille einnehmen, ihr Verhalten sehr verändern. Sie würden träge, lustlos, uninteressiert erscheinen, denn sie würden nicht befürchten, irgend etwas Wichtiges zu verpassen, keine Sorge haben, am nächsten Tag nicht genug zu essen vorzufinden, keine Bedenken hegen, daß sie benachteiligt würden. Wenn wir die Wirkung einer solchen Pille beobachten könnten, würde uns deutlich, wie vielfältig leichte bis mittlere Ängste unserem Leben Sinn, Richtung und Antrieb geben. Nun gibt es tatsächlich derartige Möglichkeiten, Angst weitgehend auszuschalten, z.B. in Form der sogenannten harten Drogen. Diese haben auch genau die oben beschriebene Wirkung, allerdings mit dem gefährlichen Zusatz, daß sie süchtig machen, d. h., daß statt der vielen Ängste, die sie ausschalten, eine neue starke Angst entsteht: die Sorge, nicht genügend „Stoff" zu bekommen, um im Rauschzustand zu bleiben. Diese Angst kann, insbesondere wenn der Ernüchterungszustand mit schweren Katerstimmungen einhergeht, so stark werden, daß der Süchtige bereit ist, Verbrechen zu begehen, um seine Drogen zu bekommen. Er neigt um so eher dazu, als ja die Ängste vor etwaigen Folgen weitgehend verschwunden sind. Dieses Beispiel zeigt, daß es nicht gut wäre, einfach alle Ängste auszuschalten. Wir müssen eine Auswahl vornehmen und herausfinden, welche Ängste uns wirklich behindern, Gesundheit und Lebensfreude bedrohen bzw. welche Ängste im Leben notwendig sind.

Wenn wir z. B. eine Arbeitsschutzbelehrung erhalten oder die Straßenverkehrsordnung erlernen, so halten wir im Grunde nur die Angst vor den Gefahren bei der Arbeit bzw. im Straßenverkehr wach oder frischen sie wieder auf. Wir wollen also keineswegs, daß diese Ängste verschwinden. Auch die Angst vor dem Herunterfallen aus großer Höhe, der Unachtsamkeit im Umgang mit Feuer usw. wollen wir möglichst nicht verringern. Allgemein läßt sich sagen, daß alle Ängste, die uns vor lebensbedrohenden Gefahren zurückhalten, eine natürliche Sicherung für Gesundheit und Leben darstellen. Es wäre unklug, ja gefährlich, sie auszuschalten. Dabei ist es günstig, wenn eine relativ geringfügige Angst als Warnung, uns gar nicht erst in Gefahr zu begeben, ausreicht. Auf diese Weise können wir starke Ängste, die – wie wir sahen – den Körper in einen Alarmzustand versetzen, der in unserem zivilisierten Leben oft unangepaßt ist, vermeiden.

Quälende Angst

Ängste, die vielen Menschen das Leben vergällen, finden wir gehäuft im Zusammenhang mit Gefahren des *gesellschaftlichen Umfeldes*, bei echten oder vermeintlichen *körperlichen Störungen* und *Schäden* sowie Schwierigkeiten und Gefährdungen in der *Sexualsphäre*. Manchmal treten auch *ohne feststellbare Ursachen* unbestimmte „frei schwebende" Angst- und Erregungszustände auf.

Wir möchten in diesem Kapitel versuchen, Ihnen, lieber Leser, einige Hinweise zu geben, um Ihnen zu helfen, mit derartigen oft unnötigen und quälenden Ängsten besser fertig zu werden, sie zu bewältigen.

Die Tatsache, daß Sie unser Buch bis hierher gelesen haben, zeigt, daß Sie den Dingen auf den Grund gehen wollen. Wir können also davon ausgehen, daß Sie bereit sind, sich Klarheit darüber zu verschaffen, welche Ängste Sie persönlich im Augenblick am stärksten behindern. Es kann ja durchaus der Fall sein, daß jemand z. B. in einem bestimmten Abschnitt seines Lebens besonders unter Prüfungsangst leidet oder Schwierigkeiten hat, in der Arbeitsgruppe seinen Standpunkt zu vertreten, und schon einige Jahre später sich ganz anderen Ängsten ausgesetzt fühlt, etwa der Befürchtung, den Ehepartner zu verlieren oder an einer gefährlichen Krankheit zu leiden usw. Sehr oft setzen die im vorigen Kapitel erwähnten Abwehrmechanismen ein, die ja im Grunde den Sachverhalt, also die Bedrohung, selbst nicht abwenden. Man verdrängt die Angst oder projiziert die negativen Gefühle, indem man sich einredet, die anderen seien schuld usw. Demgegenüber besteht der erste Schritt jeder wirklichen Angstbewältigung darin, daß man sich selber eingesteht, daß man Angst hat, und Klarheit darüber gewinnt, wovor man Angst hat. In der Klinik erleben wir immer wieder, wenn wir Patienten die Frage stellen, wovor sie Angst haben, daß sie mehrere Situationen angeben. Meist ist es ihnen dann auch möglich, eine Rangordnung unter den quälenden Ängsten von der leichtesten bzw. am wenigsten störenden bis zur stärksten oder belastendsten Angst aufzustellen. Wenn Sie, lieber Leser, versuchen, sich über die augenblicklich lästigsten Ängste klar zu werden, stellen Sie vielleicht fest, daß Sie eigentlich wenig Interesse verspüren, sich so direkt mit dieser Frage zu beschäftigen. Es ist, als würde eine innere Zensur sagen: „Angst ist Schwäche, wozu sich damit befassen, vergiß es!“ Nun, das zu tun ist eine Möglichkeit. Sie bringt uns kaum weiter. Die andere Möglichkeit besteht darin, sich dem Problem zu stellen, um die Angst zu überwinden.

Vom Entschluß zur Tat

Wer entschlossen ist, seine Ängste zu bewältigen, der wird zumeist zwei vorbereitende Schritte tun und dann die entscheidende, befreiende Tat vollbringen:

1. Es kommt zunächst darauf an, möglichst Klarheit über die genaueren Umstände der Angst zu gewinnen:

Frans Masereel, Holzschnitt zu Leonhard Frank „Die Mutter" (1919)

Welche äußeren umweltbezogenen und inneren Bedingungen spielen eine Rolle (Rückerinnern an ähnliche Situationen oder an Erfahrungsberichte anderer Personen, gedankliches Auseinandersetzen damit, Erwartungsvorstellungen, Ideen, Zweifel usw.)? Welche körperlichen Reaktionen treten dabei auf? Was ist davon nach außen sichtbar und wie reagieren andere darauf? Wie hat das alles begonnen und sich dann weiterentwickelt? Zu welchen Konsequenzen hat das geführt?

2. Es folgt die Überprüfung, wieweit sich die ängstlichen Erwartungen auf Tatsachen stützen, also wirklich begründet sind, oder nur auf Vermutungen und Vorurteilen beruhen. Wer kann helfen, Unsicherheiten abzubauen, zuverlässige Informationen zu erhalten? Manches wird sich schon im Partnergespräch, im Familien- oder im Freundeskreis klären lassen, anderes vielleicht nur beim Arzt, bei einem Psychotherapeuten oder einem anderen Fachmann. Daraus ergeben sich Vorstellungen, wie die ängstigende Situation verändert werden könnte.

3. Ist im ersten und zweiten Schritt eine reale Einschätzung der Umweltbedingungen (d. h. unserer Beziehungen zu den Mitmenschen und dieser untereinander) und der eigenen Möglichkeit gelungen und haben wir uns mit einem Plan zur Umgestaltung der Situation vertraut gemacht, so kommt es nun darauf an, diese Veränderung gezielt und optimistisch anzubahnen. Jetzt ist es wesentlich, die Ideen, Vorstellungen und Handlungsentwürfe zu verwirklichen.

Gerade bei dem dritten Schritt empfinden viele Menschen Hemmungen. Die Angst scheint zuzunehmen und Aktivität vollends unmöglich zu machen. Alle möglichen Ausreden und Gründe zur Verzögerung stellen sich ein. Wir wissen jedoch, daß sich erst durch das aktive Vorgehen die Richtigkeit der Überlegungen und Pläne prüfen läßt. Nur so lassen sich unsere Erkenntnisse erweitern und neue Erfahrungen im Umgang mit den angstauslösenden Dingen und Situationen gewinnen. Nur so läßt sich die Sachlage besser übersehen, eventuell neu einschätzen, um die ausgearbeiteten Pläne zu verbessern. Auf diese Weise kommt es nach und nach zu einer Verminderung der Angst. Jeder mutige Schritt in der geplanten Richtung drängt die Angst zurück. Gesetzmäßig verringern sich die Empfindungen des Schreckens, der Verzagtheit und Beklemmung, wenn man der angstauslösenden Situation tatkräftig gegenübertritt. Kehrt eine derartige Bewährungssituation wieder, so ist nur noch halb soviel Angst wie bei der ersten Begegnung zu überwinden, und auch diese verringert sich bei weiteren Wiederholungen immer mehr, bis sie schließlich ganz schwindet. Angstbekämpfung (unter konsequentem Verzicht auf Meidungs- oder Fluchtverhalten) ist die wirksamste Art, negative Gefühle abzubauen, systematisch Neuerfahrungen zu sammeln und die Grundlage für ein erfolgreicheres Überwinden von Schwierigkeiten jeglicher Art zu schaffen. Im Grunde genommen hat jeder Mensch diese Methode im Laufe seiner Entwicklung – vielleicht nicht ganz so bewußt – häufig angewandt. Fast jede größere Neuleistung ist mit Angst verbunden, der erste selbständige Einkauf, der erste Gang in die Stadt, der erste Schulbesuch, die erste Prüfung, die erste Freundschaft, die erste Arbeitsstelle usw. Kommt es infolge ungünstiger Umstände zu Mißerfolgen, steigert sich die Angst, und die Weiterentwicklung wird schwieriger. Tatsächlich bleibt solche Angst oft nicht nur auf die angstauslösende Situation beschränkt, sondern zeigt die Eigenart, sich auch auf Nachbargebiete, die bisher angstfrei waren, mehr und mehr auszudehnen. Umgekehrt führt die Angstüberwindung in bestimmten Situationen auch zur Angstverringerung und -beseitigung in anderen Zusammenhängen. Sie trägt also allgemein zur Erhöhung der Selbstsicherheit bei. Goethe, der einmal schrieb:

„Ich will!
Das Wort ist mächtig,
spricht's einer ernst und still.
Die Sterne reißt's vom Himmel,
das eine Wort: Ich will!"

hatte selbst mit schweren Ängsten zu kämpfen. Wenn er von einem Balkon in oberen Etagen hinuntersah, fühlte er starke Angst aufsteigen. Da entschloß er sich, den Turm des Straßburger Münsters zu besteigen, und wiederholte das so oft, bis er seine Höhenangst überwunden hatte.

Bleiben wir aber zunächst noch bei den vorbereitenden Schritten. Um Angstbewältigung unter möglichst günstigen Umständen zu beginnen, ist es angebracht, dafür zu sorgen, daß man sich körperlich und geistig voll leistungsfähig fühlt. Es kommt darauf an, unnötige Spannungen soweit wie möglich abzubauen. Spaziergänge und sportliche Betätigung in frischer Luft setzen Spannungen herunter und sorgen für bessere Durchblutung. Ebenso können Entspannungsübungen viel dazu beitragen, eine günstige Ausgangsposition herzustellen. Wer das Autogene Training bereits kennt, ist sicherlich im Vorteil, weil er gezielt die Muskeln entspannen und rasch einen Zustand erholsamer Gelassenheit herbeiführen kann. Auch die Progressive Muskelent-

Autogenes Training
(Selbsthypnose, Konzentrative Selbstentspannung), nach J. H. Schultz, ist eine Methode, bei der es gelingt, durch abgestufte Konzentrationsübungen störende Beeinflussung abzubauen und statt dessen zu einer mehr kontemplativen, d. h. passiv betrachtenden, gelassenen Einstellung und schließlich zur Beherrschung von körperlichen Abläufen zu gelangen. Demjenigen, der das Autogene Training geübt und erlernt hat, ist es möglich, eine wirksame Selbstbeeinflussung u. a. auch durch formelhafte Vorsatzbildung zu erreichen.

spannung kann hier eine wichtige Rolle spielen. Diejenigen, die diese Entspannungsmöglichkeiten noch nicht kennengelernt haben, sollten einfach ihre Betriebsamkeit bewußt unterbrechen, die ganze Hektik zugunsten einer erholsamen Pause zumindest vorübergehend aufgeben, etwas Abstand gewinnen. Wenn man allerdings glaubt, und man findet 100 gute Gründe dafür, daß man sich eine derartige Pause nicht leisten

Francisco José de Goya, Capricho No. 43: „Der Schlaf der Vernunft bringt Ungeheuer hervor"

kann, ist es gut, sich darüber klar zu werden, daß das Versäumte schnell nachzuholen ist, wenn man erst einmal geschafft hat, sich aus der inneren Verspannung zu lösen und die beängstigende Beklemmung zu überwinden.

Bevor man mit der Angstbewältigung (oder irgendeiner anderen wesentlichen Aufgabe) beginnt, ist es ratsam, für die notwendigen Vorbedingungen zu sorgen:

1. *Selbstvertrauen* ist ein wichtiger Faktor, der zum Gelingen eines Unternehmens beitragen bzw. dessen Fehlen zum Versagen führen kann.

Wenn jemand in einer schwierigen Lage ist und Angst hat, sinkt sehr oft seine *Selbstsicherheit*. Es entsteht jener gefährliche Teufelskreis (eigentlich ist der Ausdruck Teufelsspirale richtiger, denn es geht ja nicht im Kreis, sondern spiralförmig abwärts), der selbst einen tüchtigen Menschen scheitern lassen kann: Mangelndes Selbstvertrauen führt zu zögerndem, unentschlossenem Vorgehen, wodurch der Erfolg von vornherein in Frage gestellt wird. Ist das Ergebnis dann tatsächlich unbefriedigend, werden die Schwierigkeiten und Ängste nicht verringert, sondern sogar eher noch verstärkt. Die Selbstsicherheit nimmt weiter ab. Ein neuerliches, entschlosseneres Bemühen fällt noch schwerer. So erscheint die zu bewältigende Aufgabe immer unausführbarer, und weitere Erfolglosigkeit wird wahrscheinlich.

Was kann man gegen eine so verhängnisvolle Entwicklung tun? Fragen wir uns zunächst: Welchen Grund gibt es eigentlich, daß wir uns der angstauslösenden Situation nicht gewachsen fühlen? Ist dieses Gefühl tatsächlich gerechtfertigt? Sollte das wirklich der Fall sein, kommt es darauf an, die Vorbedingungen, die – aus welchem Grund auch immer – nicht gegeben sind, zu schaffen, um von vornherein einen günstigen Ausgang sicherzustellen. Dabei kann es sich darum handeln, geistiges oder körperliches Training, das vernachlässigt wurde, nachzuholen oder eventuell fehlende andere Voraussetzungen zu schaffen.

In jedem Fall ist es wichtig, sich frühere Erfolge und eigene Leistungen wieder ins Gedächtnis zu rufen, sich darauf zu besinnen, wie man bereits in der Vergangenheit Freundschaft und Vertrauen anderer gewann, sich bewährte und Anerkennung fand. So vergegenwärtigen wir uns echte Zeugnisse unseres Selbstwertes.

2. Von Bedeutung ist auch die gezielte Weiterentwicklung der *Fähigkeit, zu anderen Menschen Kontakte anzubahnen*, eigene Sorgen und Ängste sowie auch sonstige Empfindungen anderen mitzuteilen und sich Mühe zu geben, das, was jene sagen wollen, richtig zu verstehen. Manche Menschen haben auf Grund ungünstiger Umstände nur gelernt, konkrete sachliche Mitteilungen zu machen. Sie können, wie man so sagt, „nicht aus sich herausgehen". Dadurch entbehren sie einen großen Kraftquell, der denen Geborgenheit und Stärke gibt, die imstande sind, anderen durch Wort und Tat, Geben und Nehmen verbunden zu sein. Aber auch auf diesem Gebiet ist es nie zu spät zum Training. Wer erkannt hat, daß er sich nicht so mitteilen kann, wie er möchte, der kann seine Ausdrucksfähigkeit systematisch erweitern, vorausgesetzt, er beginnt ganz einfach und gibt sich zuerst mit kleinen Erfolgen zufrieden. Gehemmte Menschen haben oft schon Schwierigkeiten bei der Begrüßung. Was soll man sagen? Wird man sich richtig verhalten, wenn der Gegrüßte uns anspricht? Da hilft es, wenn man sich bewußt vornimmt, alle Bekannten freundlich zu grüßen, und sich vorsichtshalber ein paar belanglose Worte überlegt, falls der Betreffende stehenbleibt („Haben wir heute wieder einen wunderschönen Tag [schlechtes Wetter], man möchte am liebsten ins Grüne [gar nicht aus dem Haus] gehen"). Derartige Trainingsgespräche kann man auch an Straßenbahn- und Bushaltestellen, auf Bahnsteigen usw. beginnen, um systematisch Kontaktschwierigkeiten und Sprechhemmungen abzubauen. Ferner ist es gut, sich vorzunehmen, den Gesprächspartner nach Meinungen zu fragen, seinem Gedankengang zu folgen und zu versuchen, ihn weiterzuführen usw. Manchmal fühlt man sich unsicher, wenn es zum Gesprächsabschluß kommen sollte. Aber auch das läßt sich üben, etwa indem man sagt: „Es war schön (interessant, wichtig für mich),

mit Ihnen gesprochen zu haben. Ich hoffe, wir sehen uns bald mal wieder." Wurde das geschafft, kann man dazu übergehen, bei passender Gelegenheit kleine Komplimente zu machen, Gefühle mitzuteilen usw.

3. Wichtig ist auch die Erkenntnis, welch große Rolle in unserem Leben *die Suggestion und Autosuggestion* spielen. Jeder Mensch ist ständig gezielten und unbeabsichtigten Beeinflussungen ausgesetzt, er besitzt aber auch die Fähigkeit, andere von der Richtigkeit einer Idee zu überzeugen. Allerdings läßt sich diese Fähigkeit ganz beträchtlich weiterentwickeln, wenn man sich mit den Gesetzmäßigkeiten der Suggestion vertraut macht. Das ist z. B. für den Werbefachmann sehr wichtig. Aber hier kommt es uns zunächst einmal darauf an, darzustellen, in welchem Maße es möglich ist, sich selbst zu beeinflussen, ohne daß man sich dessen notwendigerweise bewußt sein muß. Wenn ein Radfahrer z. B. auf einem schmalen Weg durch nasses Gelände fährt und feststellt, daß sich auf dem Pfad mehrere tiefe Löcher befinden, die sich gerade noch umfahren lassen, dann hängt vieles davon ab, wie er darüber denkt. Sagt er sich „Kein Problem, das schaffe ich", so wird er es mit großer Wahrscheinlichkeit tatsächlich schaffen. Denkt er dagegen „Wenn ich das mal schaffe!", so wird er unsicher und verkrampft. Die Schwierigkeit, an dem Hindernis vorbeizukommen, wird vergrößert. Tatsächlich läßt sich durch geeignete Meßinstrumente feststellen, daß Vorstellungen oder Vorsätze, die wir aussprechen oder auch nur denken, Veränderungen in neurophysiologischen Abläufen und sogar Muskelspannungen herbeiführen. Selbst wenn letztere im Einzelfall auch minimal sind, so können sie doch den Ausschlag für Erfolg oder Mißerfolg geben. Ein Beispiel: Wenn eine 25 cm breite Planke auf der Straße liegt, wird wohl niemand Schwierigkeiten haben, auf ihr entlangzugehen. Befindet sich aber diese Planke drei bis vier Meter über dem Boden, werden die meisten es kaum wagen, sie zu betreten; der Gedanke, was geschehen könnte, wenn wir danebentreten, verursacht eine solche Ver-

Edvard Munch, Der Schrei (1895)

spannung und Unsicherheit, daß es einfach nicht geht. (Eine hypnotische Suggestion, die Planke befände sich auf dem Boden, kann diese Unsicherheit zum Verschwinden bringen.) Diese Hinweise verdeutlichen, daß es keineswegs unwesentlich ist, welche Gedanken und Gefühle man hat, wenn man eine Aufgabe in Angriff nimmt.

Gewiß gehen jedem, der vor größeren Schwierigkeiten steht, auch mögliche ungünstige Folgen durch den Kopf. Die Vorstellung eines drohenden Ereignisses – wesentliches Merkmal der Angst – erzeugt Schrecken und Erregung und damit auch Hindernisse bei der Problemlösung, weil vernünftiges Überlegen in diesem Zustand kaum möglich ist und daher auch zielgerechte Handlungsimpulse ausbleiben. Das ist zum Beispiel bei der übermäßigen Prüfungsangst der Fall. Dabei kommt es darauf an, klar zu unterscheiden zwischen Tatsachen und vagen oder unbegründeten ängstlichen Erwartungen und Vorstellungen. Oft beurteilen wir eine vor uns stehende Aufgabe verkehrt, weil wir Schlußfolgerungen, die wir zu Recht oder zu Unrecht aus früheren Erlebnissen gezogen haben, auf die gegenwärtige Situation anwenden, obwohl hier vielleicht völlig andere Bedingungen vorliegen. Wenn wir z. B. in einer Prüfung versagt haben, auf die wir nur ungenügend vorbereitet waren und die noch dazu von einem Prüfer abgenommen wurde, mit dem wir schon einmal eine unangenehme Auseinandersetzung hatten, so ist damit noch keineswegs gesagt, daß die nächste Prüfung, bei der die Umstände völlig anders liegen, ebenso schlecht ausfallen wird. Auch hier beginnt die Beherrschung der Angst mit dem Denken. Indem wir die Gründe unserer Angstempfindung verstehen, unsere Gedanken gezielt auf Erfolgsaussichten lenken und uns bewußt nicht zu hohe, sondern relativ leicht erreichbare Ziele setzen (also nicht unbedingt mit „1" abschneiden wollen), haben wir ein wichtiges Mittel in der Hand, um Gefühle, Stimmung und Erfolgschancen zu beeinflussen.

4. Es kommt vorrangig darauf an, daß wir begreifen, wie wichtig es ist, *resignierende Passivität oder Untätigkeit zu durchbrechen*, aktiv zu werden und etwas zu unternehmen, um die Lage – und sei es auch nur geringfügig – zu verbessern. Der ältere Autor erinnert sich noch, wie er und seine Kameraden in den Internationalen Bri-

gaden im ersten Jahr des spanischen Bürgerkrieges, als der Befehl bestand, beim Auftauchen feindlicher Flugzeuge bewegungslos an den Boden gepreßt zu verharren, wehrlos erleben mußten, wie die Staffeln der faschistischen deutschen Bomber heranbrausten und ihre Bombenlast entluden. In äußerster Passivität konnten wir nur hoffen, nicht getroffen zu werden. Viele schliefen erschöpft von den Strapazen und der erzwungenen Passivität sofort ein, so daß es immer einige Zeit dauerte, selbst wenn niemand getroffen war, bis die Kompanie sich wieder gesammelt hatte. Das änderte sich völlig in dem Augenblick, als der Befehl erging, aus allen verfügbaren Waffen auf die sich nähernden Flugzeuge zu feuern. Obwohl wir uns der relativen Aussichtslosigkeit bewußt waren, mit den uns damals zur Verfügung stehenden Infanteriewaffen ein Flugzeug zu treffen – einmal holte tatsächlich ein Maschinengewehr ein Flugzeug herunter –, ermutigte uns doch die eigene Aktivität und hielt außerdem die feindlichen Flieger in etwas größerer Höhe.

Mit diesem Beispiel von der Bedeutung des aktiven Einsatzes, das ist dem Leser ohnehin klar, soll nun keineswegs einer sinnlosen Geschäftigkeit das Wort geredet werden, vielmehr wollten wir zeigen, wie selbst eine Aktivität von begrenztem praktischen Wert einen Vorteil gegenüber resignierender Passivität bietet.

Wenn es außerdem durch bewußte Lenkung der Gedanken auf zukünftigen Erfolg gelingt, einen freundlichen, selbstbewußten Gesichtsausdruck zu erzielen, erhöht sich die Möglichkeit, Freunde und Helfer zu gewinnen. Wie ganz anders wirkt doch ein souverän lächelnder Mensch als eine unsichere, griesgrämige Person.

5. Zu den Faktoren, die für die Erlangung einer guten Kondition sehr wichtig sind, gehört *Gelassenheit.* Wir sprachen bereits über die Notwendigkeit, regelmäßige Pausen einzulegen. Hier geht es uns darüber hinaus um eine Gesamteinstellung. Oft, wenn wir viel schaffen wollen oder müssen, geraten wir in eine gewisse Hektik.

Dabei werden Entscheidungen gefällt, die man noch bei ruhigerem Nachdenken anders getroffen hätte und die sich auch relativ schnell als kurzsichtig erweisen. Abgesehen davon, daß sich Hektik nachteilig auf die Gesundheit auswirkt und auf die Dauer nicht durchzuhalten ist, ist sie obendrein unökonomisch und somit schädlich. Nun ist es relativ leicht, in eine derartige Hektik hineinzukommen, aber sehr viel schwieriger, sich wieder davon frei zu machen. Ein Mensch, der verantwortungsbewußt lebt, kann es sich einfach nicht leisten, sich ständig getrieben zu fühlen. Auch wenn Sie das Autogene Training noch nicht voll beherrschen, lohnt es sich, wenn Sie ein Gefühl von Hektik empfinden, sich vorzunehmen: „Ich arbeite überlegt und sorgfältig, liefere solide Arbeit. Was ich angefangen habe, führe ich zum guten Ende, aber ich gönne mir auch die notwendige Erholung."

Eine Schwierigkeit, die in diesem Zusammenhang auch nur kurz angeschnitten werden kann, ist das Schlafen. Glücklicherweise ist es für die meisten Menschen kein Problem. Aber gerade diejenigen, die, von Ängsten bedrängt, vor größeren Schwierigkeiten stehen, leiden doch häufig an Schlafstörungen. Derartige Störungen treten nicht selten dann auf, wenn jemand nach einem aufregenden Tag (Hektik, Auseinandersetzungen, Ärger, Konflikte) abends versucht, abzuschalten und einzuschlafen. Dann beginnen die Aufregungen des Tages das Nervensystem erneut anzuregen und lassen keinen Schlaf aufkommen. Hat sich das schlechte Schlafen schon einigemal ereignet, kommt dann noch die Erwartungsangst hinzu, daß sich das quälende Wachsein in der kommenden Nacht wiederholen könnte. So geht man schon verspannt zu Bett, und mit dem Gedanken an den morgigen Tag und die bevorstehenden Aufgaben kämpft man darum, möglichst schnell einzuschlafen. Schlaf aber läßt sich nicht durch Willenskraft erzwingen – übrigens ebensowenig wie Liebe. Der Blick auf die Uhr und der Gedanke, daß schon wieder eine Stunde vergangen ist, verstärken die

Verspannung. Nur wer selbst schon darunter gelitten hat, kann ermessen, wie qualvoll das Nichteinschlafenkönnen sein kann. Erst wenn man sich „geschlagen" damit abfindet, wach zu bleiben, oder noch besser sich sogar vornimmt, gezielt wach zu bleiben, um Vergangenes und Zukünftiges in Ruhe zu durchdenken, beruhigende Musik zu hören oder eine Naturbeschreibung zu lesen, findet man eventuell Ruhe. Günstiger ist es, wenn man die entspannende Nachtruhe möglichst schon vor dem Zubettgehen einleitet, etwa indem man einen geruhsamen kleinen Spaziergang vornimmt oder eine Schallplatte auflegt. Wichtig ist dabei, daß wir uns bewußt auf die großartige Weisheit unseres Körpers zurückbesinnen, indem wir uns vergegenwärtigen, wie viele innerorganismische Vorgänge, von denen wir gar nichts wahrnehmen, harmonisch zusammenwirken, um Gesundheit und Leistungsfähigkeit ständig zu erneuern. So wird unser Organismus, wenn wir ihn nicht künstlich bzw. durch verkrampfte Willensanspannung daran hindern, die notwendige Ruhe und Erholung finden. Allerdings spielen auch hier Gedanken und Erwartungen oft eine entscheidende Rolle. Der Gedanke z. B. „Ich brauche unbedingt meine 8 Stunden Schlaf, sonst bin ich morgen nicht leistungsfähig" (abgesehen davon, daß er völlig unwissenschaftlich ist) kann derartige Spannungen erzeugen, daß Schlaf unmöglich wird. Umgekehrt kann wohlbegründetes Vertrauen in den eigenen Organismus („Ich kann mich voll darauf verlassen, selbst nach einer schlaflosen Nacht arbeitet er perfekt und konzentriert, wenn es darauf ankommt") zum Abklingen von Resterregungen des Tages beitragen. Auch Vorstellungen von innerorganismischen Umschaltungsvorgängen vom Erregungszustand zur Entspannung können Gelassenheit und Vertrauen fördern und zur Beruhigung führen.

6. Von wesentlicher Bedeutung für Gesundheit und Leistungsfähigkeit sowie als Ausgangspunkt zur Angstüberwindung ist das *Einbezogensein in einen Freundeskreis, eine Familie, ein Arbeitskollektiv*. Das sagt

sich leicht so dahin, erfordert aber zu seiner Verwirklichung die Bereitschaft, sich auch für die anderen einzusetzen und eigene Interessen manchmal zurückzustellen. Die Zugehörigkeit zu einer solchen Gemeinschaft vermittelt größere Sicherheit und Selbstvertrauen, da wir dadurch Gelegenheit finden, unsere Gedanken auf ihre Richtigkeit und unseren Blick für die Wirklichkeit bei vertrauten Menschen zu überprüfen. Menschen, die kurzsichtig denken, sind manchmal nicht bereit, die Opfer an Zeit und persönlichem Einsatz zu bringen, die immer neu erforderlich sind, um einen Freundeskreis aufrechtzuerhalten; sie begreifen nicht, welche Bereicherung sie dadurch erfahren.

Soziale Ängste

Befassen wir uns nun mit spezifischen Ängsten und Möglichkeiten, sie zu bewältigen. Dabei ist es natürlich nicht möglich, auf alle Ängste einzeln einzugehen. Wir werden deshalb aus verschiedenen Gebieten einige mehr oder weniger beispielhafte Gefahren und Ängste herausgreifen und Wege zu ihrer Bewältigung aufzeigen. Kommen wir zunächst zu den *sozialen Ängsten*. Der Mensch ist heute in stärkerem Maße von der Gesellschaft abhängig als von der umgebenden Natur. Seine Ernährung, seine Kleidung, seine Wohnung und die Befriedigung seiner übrigen Bedürfnisse hängen weitgehend davon ab, welche Rolle er in der Gesellschaft spielt. Sein Status in der Familie, im Arbeitskollektiv usw. wird damit zu einem wesentlichen Ziel seiner Bemühungen. Mögliche Beeinträchtigungen dieser Zielstellung lösen Ängste und Aggressionen aus. Konflikte mit dem Vorgesetzten beispielsweise oder auch Auseinandersetzungen im Arbeitskollektiv bzw. Ärger über Mitarbeiter können ähnliche Aufregung hervorrufen, wie sie unser bereits erwähnter noch in der Wildheit lebender Urahne empfand, wenn er sich plötzlich in Lebensgefahr befand. Für ihn war es damals notwendig,

daß die Angst alle Kraftreserven des Körpers mobilisierte. Was aber soll der moderne Mensch mit dieser plötzlich bereitgestellten körperlichen Fähigkeit, zu kämpfen oder zu fliehen, anfangen? Anstatt den Konflikt sachlich auszutragen, müssen er und seine Gegenspieler einen Großteil ihrer Energie darauf verwenden, die aufsteigende Angst, Wut und Aggression im Zaum zu halten. Glücklicherweise haben sie das in einem langen Erziehungsprozeß meist gelernt. Aber wenn auch das äußere Verhalten einigermaßen zu kontrollieren ist, so haben wir keine direkte Möglichkeit, unsere Gefühle und die Vorgänge im Inneren des Körpers auch entsprechend zu lenken. Die Folge ist häufig, daß während und nach derartigen Auseinandersetzungen eine weitere Aufputschung der Angst- und Wutempfindungen sowie eine Mobilisierung von Energiereserven zustande kommt. Abgesehen davon, daß diese Vorgänge das Eintreten normaler Entspannung verhindern, rauben sie dem Betreffenden oft auch einen Großteil des natürlichen Schlafes und tragen unter Umständen dazu bei, daß der Konflikt unsachlich verschärft und die Energiereserven des Organismus hochgradig verbraucht werden. Ähnliche Vorgänge spielen sich natürlich ebenfalls bei Auseinandersetzungen zwischen streitenden Nachbarn, Rivalen in der Liebe, in ehelichen Auseinandersetzungen, vor größeren Prüfungen, bei Unfällen oder Beinaheunfällen im Straßenverkehr usw. ab.
Wie können wir diesen für den Körper ungünstigen und bei häufigem Vorkommen zu funktionellen Störungen und anderen Erkrankungen führenden Ablauf beeinflussen? Nun, *erstens* müssen wir die hier geschilderten Zusammenhänge verstehen, so daß wir nicht blind und unwissend diesem Geschehen gegenüberstehen. *Zweitens* ist es wichtig, die für den Kampf bereitgestellten Kraftreserven des Organismus konstruktiv abzubauen. Das geschieht am besten durch gezielte Kraftverausgabung, also körperliche Arbeit im Haushalt, Keller, Garten bzw. bei sportlicher Betätigung, einem Dauerlauf, Schwimmen oder wenigstens einem ausge-

dehnten Spaziergang. Auch ein Saunabesuch wirkt da entspannend. Ungünstig ist es dagegen, die aufgespeicherten Kraftreserven im ungehemmten Wortduell mit Ehepartner, Kindern oder anderen, im Grunde Unbeteiligten, auszutragen, weil dabei – abgesehen von der Ungerechtfertigtheit eines solchen Vorgehens – neuer Zündstoff entsteht. *Drittens* brauchen wir eine möglichst sachliche Einschätzung der Lage, d. h. der Gründe, die zur Konfrontation führten, und der Motive beider Seiten. Dabei ist zu berücksichtigen, daß vielfach hinter den angegebenen Beweggründen (z. B. „Kollege X, ich muß mal mit Ihnen sprechen, weil ich mit Ihrer Leistung in letzter Zeit nicht zufrieden bin.") auch unter Umständen nicht genannte Gründe eine Rolle spielen (z. B., daß der Meister verärgert ist, weil er erfahren hat, daß Kollege X gegen ihn „stänkert"). In Anbetracht der aufgewühlten Gefühle ist der vom Konflikt unmittelbar Betroffene meist kaum imstande, sich ein richtiges Bild von der Lage zu machen. Es empfiehlt sich daher, die Situation mit dem Ehepartner oder einem vertrauten Kollegen oder beiden zusammen zu besprechen und verschiedene Möglichkeiten aktiven Eingreifens zu erörtern. Zunächst wird man sich dann über das beste Vorgehen klar werden, z. B. die gerügten Fehler abzustellen, ein eventuell vorliegendes Mißverständnis aufzuklären, positive Gegenvorschläge zu machen oder andere Veränderungen anzubahnen. Dabei kommt es darauf an, die genaue Taktik, mit der man vorgeht, festzulegen, wobei man möglichst versuchen sollte, auch den eventuell aufgewühlten Gefühlen des anderen Rechnung zu tragen und gleichzeitig die positiven Seiten des vorgeschlagenen Lösungsweges hervorzuheben (z. B. im Interesse des Betriebes, um den Streit beizulegen, um den Kollegen entgegenzukommen, um das Mißverständnis zu klären usw.). Mit einem solchen Vorgehen lassen sich manchmal die Folgen derartiger Schwierigkeiten und daraus entstehender Spannungen, Wut- und Angstgefühle, besser verkraften. Es kommt besonders darauf an, daß etwas aktiv unternommen wird und man den Ärger nicht „in sich hineinfrißt", weil gerade Aktivität dazu beiträgt, das körperliche Wohlbefinden zu verbessern und Selbstvertrauen zu fördern. Das ist auch bei den folgenden Beispielen von Bedeutung.

Im Bereich der *Liebesempfindungen und des Geschlechtslebens* treten häufig Ängste auf, die zwar im weiteren Sinn ebenfalls mit dem Ansehen in der Gesellschaft zu tun haben, die aber unmittelbar zunächst nur die Zweierbeziehung zu betreffen scheinen. Jeder Kulturkreis hat eine mehr oder minder klar umrissene Vorstellung von den Geschlechterrollen. Die Rolle der Frau beispielsweise hat sich bei uns seit Goethes Zeit sehr gewandelt. Unsere werktätigen Frauen verhalten sich doch wohl gänzlich anders als Gretchen im „Faust" (ganz abgesehen davon, daß die „Pille" sie gar nicht erst in eine solche Situation kommen läßt). Ebenso verhalten sich Männer in unserer Gesellschaft in der Regel anders als der lateinamerikanische „Macho", der in einem psychologischen Wörterbuch (Dorsch) folgendermaßen geschildert wird: „Sein Verhalten ist durch Arroganz, mangelnde Selbstkontrolle, sexuelle Ausbeutung der Frau und Vergnügen an Gewalt gekennzeichnet."

Wenn ein junger Mensch heranreift, empfindet er die ausgesprochene oder unausgesprochene Erwartung seiner Alterskameraden, daß er sich ähnlich verhält wie sie. Aber nicht alle Menschen sind gleich veranlagt, und keiner macht die gleichen Erfahrungen wie der andere. So kann es geschehen, daß jemand – durch Anlage oder Erfahrungen bedingt – sich anders verhält als seine Kameraden. Es kommt auch vor, daß ein junger Mensch bei den ersten Versuchen, intime Kontakte anzubahnen, gekränkt oder schockiert wird, um nur einige wenige von unendlich vielen Möglichkeiten anzuführen, durch die Menschen seelisch verletzt werden, Wunden, die sich dann im Intimbereich als Schwierigkeit zweier Menschen zeigen. Tolstoi spricht von der „Tragödie des Schlafzimmers", die den Menschen in Vergangenheit, Gegenwart und Zukunft immer zutiefst aufwühle. Hinzu kommt, daß unterschiedliche Erwartungen und Hoffnungen der Partner, die insbesondere durch erzieherische Vorurteile genährt werden, zu Mißverständnissen führen, in deren Gefolge oft der eine oder beide Partner verunsichert und unglücklich werden.

Manche Menschen, die mit Geschwistern aufwuchsen, haben, ohne sich dessen bewußt zu werden, gelernt, mit dem Bruder oder der Schwester mitzufühlen. Manchmal erleben wir z. B., daß ein Kind mitweint, wenn das Geschwisterchen bestraft wird. Sie haben vor allem auch die eigenartige Ambivalenz (Doppelseitigkeit) der Gefühle erlebt, die zeitweise durch Liebe, Zärtlichkeit und Mitgefühl, zu anderen Zeiten aber auch durch Haß und Wut, Grobheit und Beziehungslosigkeit gekennzeichnet ist und dennoch überwiegend zu einem hohen Grad von Vertrautheit und Zusammengehörigkeitsgefühl führt. Menschen, die diese Erfahrung gemacht haben, dürften es in einer Zweierbeziehung leichter haben, weil sie nicht bei den ersten Auseinandersetzungen und aufsteigenden Haßempfindungen die Welt (ihrer Liebe) untergehen sehen.

Auch moderne Partnerbeziehungen sind, wie schon zu Goethes Zeiten, häufig von einem Wechsel zwischen „himmelhoch jauchzend – zu Tode betrübt“ gezeichnet. Je verklärter man den anderen sieht, je größere Erwartungen man an diese Liebe stellt, um so tiefere Enttäuschungen wird man zu verkraften haben, wenn die Wahrheit anders aussieht als die Vorstellung. Solche Enttäuschungen lösen oft starke Ängste aus. Man beginnt, an der Richtigkeit der Bindung zu zweifeln, sucht Fehler, es folgen Argumente, Auseinandersetzungen usw., oder noch schlimmer, man kapselt sich ab. Diese negativen Gefühle wirken sich auch auf den Körper aus. Sexuelle Befriedigung wird geringer oder schwindet. Selbst wo es schon zu einem mehr oder weniger gleichlaufenden Rhythmus des Begehrens gekommen war, geht dieser zurück. Kurz, auch hier finden wir wieder eine Teufelsspirale, die aus der einst guten Beziehung schließlich ein Dauerduell schafft, bei dem es nur Verlierer gibt. Beide Partner haben das Gefühl, versagt zu haben. Ängste werden so quälend, daß das Leben sinnlos erscheint. Dann setzen jene bereits kurz beschriebenen Abwehrmechanismen ein. Man verdrängt die eigenen Schwächen, beschuldigt den Partner und sucht Trost bei anderen.

Diese Schilderung gibt nur eine von vielen häufig auftretenden Schwierigkeiten des Zusammenlebens wieder. Aber das Problem, das sich bei vielen dieser Verwicklungen ergibt, besteht darin, daß die dabei auftretende Angst und Spannung nicht nur keinen biologischen Wert hat, uns also nicht vor Gefahren schützt, sondern daß sie sogar direkt zur Verstärkung der Schwierigkeiten beiträgt. Es kommt also darauf an, diese Angst möglichst niedrig zu halten; dazu ist in erster Linie notwendig zu erkennen, woher sie kommt. Die soeben erwähnten unvermeidlichen Konflikte zwischen den Partnern (man spricht wohl auch vom „Sichzusammenraufen") und die daraus eventuell entstehenden körperlichen Störungen, darunter auch sexuelles Versagen, sind nur die eine Seite. Die Gesellschaft mit ihren Erwartungen und Rollenvorstellungen (wie muß sich ein Mann, eine Frau in der Ehe verhalten?) ist sozusagen unsichtbar mit von der Partie. Wenn beispielsweise die Partnerin ihrem Mann vorwirft: „Du bist ein ganz gemeiner Schuft" (oder was man sich statt dessen, wenn man unter sich ist, sagt), so wertet der Mann das meist gar nicht nur als Gefühlsausbruch einer geliebten und vertrauenden Frau, sondern er sagt sich (und im umgekehrten Fall tut sie das ganz genauso), das kann ich mir doch nicht sagen lassen, wenn das meine Mutter, die Nachbarn, meine Freunde usw. hören würden. Es ist daher wohl das erste Erfordernis, um eine Zweierbeziehung weniger angstvoll zu gestalten, daß sich die Partner darüber einigen, daß sie ihre Verbindung nicht auf einer Bühne vor der Gesellschaft vollziehen, sondern daß das ihre ganz eigene und alleinige Angelegenheit ist. Niemand hat da hineinzureden, und alles, was beiden Partnern Freude macht und Glück bringt, ist erlaubt, vorausgesetzt, daß niemand dabei zu Schaden kommt. Aber auch alles, was den einen oder beide Partner traurig stimmt oder ängstigt, wird in gemeinsamer Aussprache verständnisvoll geklärt. Nicht Rechthaberei und Unnachsichtigkeit, sondern verständnisvolle Rücksichtnahme und Bereitschaft zum Einlenken sind Merkmale moderner Ehetauglichkeit. Wenn völliges Einverständnis bei beiden Partnern besteht, daß die Frage „Was werden die anderen sagen?" für sie keine Rolle mehr spielt, wenn es um ihr Verhalten zueinander geht, ist ein Teil der Angstursache behoben. Dann ist es auch möglich, bei vorübergehenden körperlichen Ausfallerscheinungen, sei es der Potenz des Mannes oder der Erlebnisfähigkeit der Frau, gemeinsam eine drei- bis vierwöchige Pause einzulegen, um keinen schädlichen Leistungsdruck aufkommen und das natürliche Begehren wieder stärker in den Vordergrund treten zu lassen. In einer solchen, nur auf sich bezogenen Gemeinsamkeit können auch auftauchende Probleme, z. B. „Kurschatten", offen und vorurteilslos miteinander geklärt werden. Vor allem wird auch der Mann das besonders in den älteren Generationen noch anerzogene Vorurteil, die Frau müsse den Haushalt erledigen, zugunsten einer modernen Bereitschaft zum Geben und Nehmen verändern können. Jede Partnerschaft, ja jede Gemeinschaftsbeziehung wird eigentlich erst stabil, wenn sie sich gemeinsam zu lösende Aufgaben stellt, die wesentlich sind. Beide Partner gehen ihren Weg im Beruf oft getrennt voneinander. Dennoch kann die Partnerschaft dazu beitragen, gemeinsam zu planen, Schwierigkeiten zu überwinden und neue Verhaltensweisen zu entwickeln. Wo das nicht geschieht, kommt es manchmal zur Entfremdung der Partner. Hier, wie auch bei der Geburt und dem Aufziehen von Kindern (ebenfalls eine wichtige gemeinsame Aufgabe), kommt es darauf an, daß beide Partner beständig daran arbeiten, ihre Verständigungsbereitschaft und Ausdrucksfähigkeit zu entwickeln. Je früher man in der Partnerschaft damit beginnt, sich Gedanken,

Pläne, Phantasien, Wünsche und Enttäuschungen gegenseitig mitzuteilen und auch auf die Mitteilungen des anderen zu hören, ja sie zu ermutigen, um so fester wird die Beziehung werden. Unartikulierte, wortlose Beziehungen, die nur der sexuellen Befriedigung dienen, haben wenig Aussicht auf lange Dauer, wenn es nicht gelingt, sie umzugestalten.

Eine stabile Liebesbeziehung ist in der Lage, zeitweilige Schwankungen des Selbstwertgefühls bei einem der Partner abzufangen und überhaupt zur allgemeinen Steigerung des Selbstvertrauens, dieser wichtigen Bastion gegen Ängste, beizutragen.

Ängste vor körperlicher Schädigung

Ein Gebiet, auf dem Ängste oft sehr stark auftreten und doch nur – wenn überhaupt – einen begrenzten gefahrenverhütenden Sinn haben, ist das körperliche Befinden. Die Angst ist dann wichtig, wenn sie den Menschen bei einer Gesundheitsstörung veranlaßt, rechtzeitig den Arzt aufzusuchen, die verordneten Medikamente gewissenhaft einzunehmen, angeordneten Sport oder Physiotherapie regelmäßig durchzuführen, Diät einzuhalten usw. Auch auf dem Gebiet der Körperreinigung, Hygiene und Gefahrenverhütung kommt der Angst ein gewisser Stellenwert zu, obwohl es günstiger ist, hier positive Antriebe anzuerziehen wie etwa: Freude an der Sauberkeit, Wohlbefinden, wenn man Zähne geputzt hat oder sich „frisch rasiert und gut gelaunt“ fühlt, Vergnügen am Schwimmen und anderem Sport. Abgesehen von dieser Funktion der Angst, die natürlich im Einzelfall sehr wichtig sein kann, ist die Angst bei Krankheiten, körperlichen Belastungen, Schmerzen usw. eher unangebracht und schädlich. Es kommt daher darauf an, die seelischen Angstursachen zu erkennen und gegebenenfalls abzustellen. Dazu gehört in erster Linie die Unsicherheit und das Gefühl des Alleinseins. Ein medizinisch nicht speziell Ausgebildeter kann sich manche Reaktionen seines Körpers nicht erklären. Frau Bartel, von der wir vorn berichteten, daß ihr auf der Straße plötzlich ganz heiß wurde und sie ihr Herz außerordentlich stark spürte, konnte sich diese Veränderung, von der wir nun wissen, daß diese der körperliche Ausdruck ihrer Angst wegen der Beziehungen ihres Mannes zu der jungen Ingenieurin war, nur als Folge einer inneren Krankheit erklären. Natürlich machte sie sich sorgenvolle Gedanken, wie schwer ihre Erkrankung sein könnte und was sich daraus für Konsequenzen für ihre Zukunft ergeben könnten. Diese Ungewißheit vergrößerte noch ihre ohnehin schon bestehende angstvolle Erregung.

Manchmal rufen auch ganz normale Körperreaktionen, wie z. B. das Gefühl der Enge und des Luftmangels in einem überfüllten Warenhaus, Krankheitsängste hervor, die noch gesteigert werden, wenn man zufällig in einem Spiegel feststellt, daß das Gesicht stark gerötet oder sehr bleich ist. Es geschieht wohl auch, daß Menschen am Tag nach einer Feier, auf der viel Alkohol und Kaffee getrunken und stark geraucht wurde, wobei nur noch wenig Zeit für den Nachtschlaf blieb, in einen etwas veränderten Bewußtseinszustand, einen sogenannten Ausnahmezustand geraten, in dem vegetative Störungen, wie Schwindel, Schweißausbruch, Übelkeit, Kopfschmerz, Herzrasen usw., auftreten können. So bahnt sich ohne wirklichen Krankheitsgrund ein lästiges Unwohlsein an, das normalerweise bald wieder abklingt. Wenn der Betroffene die Zusammenhänge jedoch nicht begreift, entwickeln sich manchmal Ängste, er sei ernsthaft erkrankt. Er beginnt, sich stärker zu beobachten, wobei es dann manchmal auch noch zu Mißdeutungen der normalen Körperreaktion kommt, die den Zustand verschlimmern. Oft kann dann nur der verständnisvolle Arzt durch sachliche Aufklärung zur Beruhigung und Wiederherstellung des Wohlbefindens beitragen. Aber auch schwere Krankheiten wie Herzinfarkt oder Krebs können Ängste hervorrufen, die den Genesungsprozeß vielfach verzögern. In derartigen Fällen ist es daher besonders wichtig, genaue Informationen und Hinweise auf günstige Verhaltensweisen einzuholen. Wir sehen in der Sprechstunde manchmal Patienten, die über geringe körperliche Mißempfindungen, wie sie ein jeder schon einmal gehabt hat, nicht einfach sorglos hinweggehen konnten. Ihre auch im Alltag sich zeigende gründliche und gewissenhafte Art veranlaßte sie, über die Herkunft der Beschwerden nachzugrübeln und sich ängstlich zu beobachten. Die Befürchtung, an einer ernsten, nur noch nicht erkannten Krankheit zu leiden, verstärkte die Beschwerden. Sie hörten sich um und erfuhren von verschiedenen Seiten ganz Unterschiedliches, was ihre Beunruhigung nur noch verstärkte. Infolge der Angst wurde ihre Realitätssicht so eingeschränkt, daß sie schließlich, vom Arzt über die Harmlosigkeit ihrer Symptome belehrt, glaubten, er wolle sie nur beruhigen. So kann die Angst dazu beitragen, eine negative Auswahl der Informationen zu fördern, wodurch sich die negative Erregung noch weiter steigert. Natürlich trifft das genauso auf diejenigen zu, die auf Grund falsch verstandener Vorbeugungsmaßnahmen fürchten, bereits an einer Erkrankung zu leiden, obwohl das gar nicht der Fall ist. Heute sind die meisten Ärzte, die diese Zusammenhänge ja kennen, trotz ihrer knappen Zeit gern bereit, die notwendigen Auskünfte zu erteilen, vorausgesetzt, daß die Patienten die entsprechenden Fragen stellen. Es ist daher wichtig, sich selber die eigenen Zweifel und Ungewißheiten zunächst einzugestehen und sie dann auch als Fragen dem verständnisvollen Fachmann vorzulegen. Besonders vor diagnostischen und therapeutischen Eingriffen ist eine Aufklärung über eventuell auftretende Unannehmlichkeiten und Besonderheiten angebracht, wobei der Patient auch wissen sollte, wie schnell derartige Empfindungen und Schwierigkeiten wieder abklingen. So vorbereitet, fällt es leichter, sich darauf einzustellen, und man wird nicht, plötzlich davon überrascht, in panikartige Angst geraten. Das Gefühl des Alleinseins ist natürlich bei jeder schweren Krankheit, die man ja letztlich

Schmerz
ist ein elementares Gefühl. Er kann durch ganz unterschiedliche Reize (mechanische, chemische, elektrische, Wärme und Kälte) ausgelöst werden. Er signalisiert eine mögliche Schädigung des betroffenen Gewebes bzw. warnt vor aufkommenden Gefahren. Die auslösenden Reize werden durch schmerzempfindliche Nervenendigungen aufgenommen und über besonders schnell leitende Nervenbahnen dem Gehirn zugeführt. Dort wird die Information so verarbeitet, daß eine Abwehrreaktion des Organismus erfolgt und/oder eine Gefühlsempfindung entsteht.
Empfindlichkeit für Schmerz ist individuell sehr unterschiedlich und außerdem auch situationsabhängig, z. B. stärker, wenn man sich darauf konzentriert, geringer, wenn man abgelenkt ist. In einem hochgradigen Erregungszustand, ebenso wie beim Schock, spürt man oft den Schmerz – zumindest solange der Ausnahmezustand anhält – gar nicht.

doch allein durchlebt, bis zu einem gewissen Grad unvermeidlich. Hat man es jedoch verstanden, echte Freundschaften aufzubauen, so wird man auch in dieser Situation nicht verlassen sein. Wer allerdings nicht bereit war, vorher den ihm Nahestehenden zu helfen und auch von seiner Zeit und Kraft abzugeben, der wird es bei ernsten, lang dauernden Krankheiten unter Umständen in dieser Beziehung auch nicht leicht haben.

Aber Unsicherheit und Alleinsein, so sehr sie auch zur Verstärkung des Angstgefühls beitragen können, sind im Grunde hier nicht die eigentliche Problematik. Bei ihnen handelt es sich eher um das Vorfeld dieser Angst. Die wirkliche Furcht dreht sich um Schmerz, Krankheit, Hilflosigkeit und Tod. Bei einer tatsächlich eingetretenen schmerzhaften, gefährlichen Krankheit aber hilft die Angst in keiner Weise, im Gegenteil, sie verstärkt den Schmerz und verschlimmert den Gesamtzustand. Diese Erkenntnis ist wichtig, weil es ja darauf

Hans-J. Biedermann, Vorbereitung zur Operation

Hans-J. Biedermann, Selbstdarstellung mit gelähmter Hand

Hans-J. Biedermann, Im Krankenzimmer

Hans-J. Biedermann, Zur zweiten Operation vorbereitet von Schwester Gabi

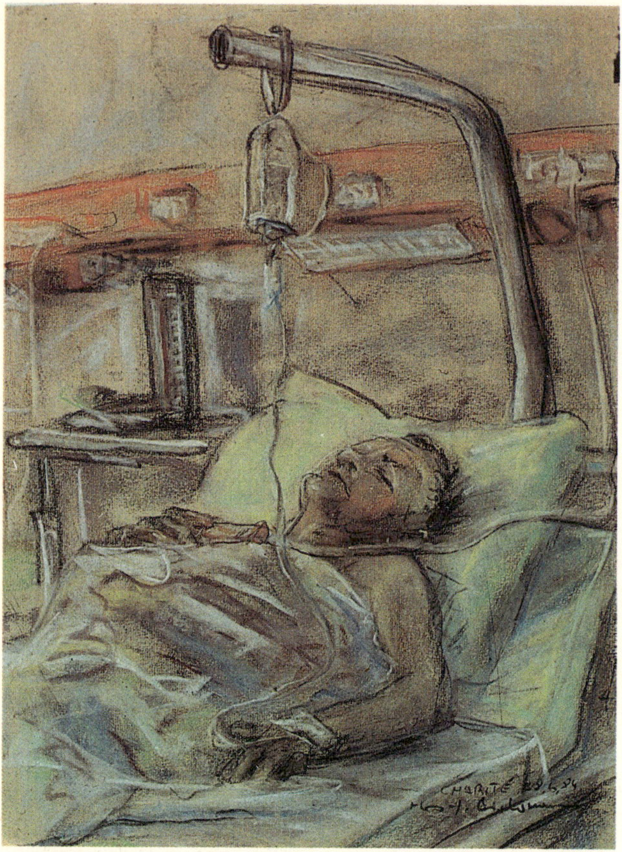

Hans-J. Biedermann, Nach der Operation. Wachstation

Hans-J. Biedermann, Selbstbildnis im Rasierspiegel nach der Operation, mit Berliner Stadtansicht

Hans-J. Biedermann, Fürsorge

ankommt, selbst aktiv etwas zur Verbesserung der Situation beizutragen. Das alles gilt in ganz besonderem Maße für den Patienten, der sich einer Operation unterziehen muß. Immer mehr Chirurgen und Schwestern erkennen, daß neben ihrer fachlichen Qualifikation und Spezialisierung das Eingehen auf Sorgen und Ängste der Patienten vielfach von entscheidender Wichtigkeit ist. Bei fast jeder Operation bestehen selbst für den erfahrenen Chirurgen verschiedene Ungewißheiten. Darüber kann und darf man auch den Patienten nicht hinwegtäuschen. Dennoch versteht es ein gutes Stationskollektiv, dem Patienten ein relatives Gefühl der Sicherheit zu geben, das z. T. aus der Routine erwächst („Derartige Operationen sind hier gang und gäbe, damit haben wir unsere Erfahrung"). Besonders hilfreich ist es, wenn der Arzt imstande ist, gewisse perspektivische Anhaltspunkte zu geben, wenn er also beispielsweise sagen kann: „Erfahrungsgemäß werden Sie einen Tag (zwei, drei oder vier Tage, je nach der notwendigen

Operation) durchstehen müssen, da werden Sie sich hundsmiserabel fühlen, da bleibt nichts anderes übrig, als Zähne zusammenzubeißen, aber danach werden Sie sich dann schnell erholen und sich zunehmend wohler fühlen." Wenn es möglich ist, Unsicherheit zumindest teilweise dadurch auszugleichen, daß überschaubare Etappen erkennbar sind, wird Angstbewältigung erleichtert. Das kann selbst bei einer todbringenden Krankheit bedeutsam sein. Ferner kann es das Gefühl, vom Schicksal benachteiligt zu sein, mildern, wenn man sich darüber klar wird, daß man in der gleichen Lage ist wie alle Menschen vorher und nachher. Der Tod ist Teil unseres Seins. Er bringt Ruhe und Schmerzfreiheit. Aber wie lange das noch dauert und wie wir die Zeit nutzen, darauf haben wir selber unmittelbaren Einfluß. Es ist bekannt, daß Sterbende, die sich vorgenommen hatten, noch eine Arbeit zu vollenden oder zu erleben, daß ein geliebtes Kind aus der Ferne ans Krankenbett kommt, ihr Ziel tatsächlich erreichten. Schriftsteller wie Maxie Wander, die sich vorgenommen hatten, Mitmenschen den Fortgang ihrer tödlichen Krankheit genau zu schildern, fanden darin eine Aktivität, die sie nicht nur ablenkte und ihre Schmerzen teilweise linderte, sondern die auch ihre Angst zumindest stundenweise besiegte und – nebenbei bemerkt – ihnen selbst ein bleibendes Zeugnis setzte. Auch Heinrich Heine und Sigmund Freud half ihre wertvolle Arbeit über schlimme Stunden. Selbst wenn wir wissen, daß es bald mit uns zu Ende geht, haben wir die Wahl, passiv zu leiden und die Angst übermächtig werden zu lassen oder aktiv auch diese Phase unseres Lebens mitzugestalten. Wenn wir Angehörige haben, die wir lieben, können wir ihnen noch wichtige Hinweise hinterlassen. Körperliche Ängste können wir überwinden, indem wir drei Fähigkeiten, die wir früher bereits anwandten, bewußt wieder einsetzen: 1. zu entspannen, also gelassen zu sein, 2. zu träumen und schließlich 3. erfolgreiche Aktivitäten zu entfalten.

Über die Notwendigkeit, als *erstes* zu entspannen,

die Muskelverspannung zu lösen und damit die nervlichen und biochemischen Alarmierungssignale abzustellen, um jede Art von Angst bewältigen zu können, wurde bereits vieles gesagt. Es wäre sinnlos, wollte man versuchen, die Angst zu überwinden, während sie gleichzeitig weiter aufgeputscht wird. Als Kinder konnten wir alle bei Ermüdung, nach einer Aufregung, wenn wir unglücklich gewesen sind und geweint haben, schnell und tief entspannen und einschlafen. Der Heranwachsende wird nachhaltiger von allem, was auf ihn einstürmt, mitgenommen. Er kann dann oft nicht abschalten, selbst wenn er es gern möchte. Was das Kind ganz selbstverständlich tut, nämlich nach einer Erregung alles vergessen und einfach entspannen, das muß der vom Leben hart Mitgenommene wieder neu erlernen. Methoden wie das Autogene Training, die Progressive Muskelentspannung, Yoga usw. bieten gute Möglichkeiten, diesen Lernprozeß systematisch durchzuführen. Wenn wir dann in der Lage sind, die innere Verspannung, Erregung und Unruhe zeitweilig bewußt abzustellen, haben wir den ersten Schritt zur Überwindung der Angst bereits getan.

Dann kommt es darauf an, die Entspannung zu nutzen, indem wir uns aus der Kosmonautenperspektive (früher sagte man Vogelperspektive) betrachten und uns darüber klar werden, wie relativ bedeutungslos viele unserer Sorgen und Ärgernisse sind und wie wenig sich Hetze, Hektik und Aufregung lohnen. Und wenn wir schon dabei sind, uns aus ungewohntem Blickwinkel zu betrachten, dann können wir auch gleich noch weitergehen und uns vorstellen, was in unserem Körper vorgeht. Wie viele Millionen von Zellen sich da wie geschäftige Ameisen bemühen, eingedrungene Krankheitserreger unschädlich zu machen, während andere Heerscharen dabei sind, die eingefahrene Maschinerie des Lebens auf vollen Touren in Gang zu halten. Vielleicht wird sich mancher dann fragen, kann ich bewußt dazu beitragen, diese inneren Vorgänge positiv so zu beeinflussen, daß die krankheitsbekämpfenden oder gesundheitsfördernden Kräfte unterstützt werden? Natürlich kann schon die regelmäßige Einnahme der verordneten Medikamente ebenso wie das Einhalten vorgeschriebener Bettruhe dazu beitragen. Aber die letzten Jahrzehnte haben uns zusätzlich neue Erkenntnisse gebracht: Die Entdeckung weiterer gesundheitsfördernder Wirkstoffe, wie z. B. der im Körper erzeugten Endorphine, deren Freisetzung in enger Beziehung zu Stimmung, Optimismus und Lebensmut steht, legt die Vermutung nahe, daß wir tatsächlich durch gezielte Einflußnahme auf Stimmung und Einstellung den Heilungsprozeß unterstützen können. (Erfahrene Ärzte haben das immer geglaubt, aber jetzt liegen dafür Hinweise in Form experimenteller Untersuchungen vor.) Auch hat sich mehr und mehr die Erkenntnis durchgesetzt, daß geistige und – soweit mit dem Gesamtzustand des Patienten vereinbar – auch körperliche Aktivität einen in vieler Hinsicht positiven Einfluß auf den Gesundungsprozeß auszuüben vermag. Es kommt daher darauf an, eine möglichst sinnvolle, dem Gesundheitszustand angemessene und erfolgversprechende Tätigkeit auszuüben. Über schriftstellerische Aktivitäten haben wir bereits berichtet. Auch in den Bildern von Hans J. Biedermann ist die innere Auseinandersetzung mit seiner Krankheit und ihre erfolgreiche Bewältigung deutlich zu spüren. Hier möchten wir unsere Leser noch mit einer doch recht sensationellen Veröffentlichung bekannt machen, die kürzlich von einer Ärztin und ihrem Patienten in der bedeutenden amerikanischen Menninger Klinik herausgebracht wurde. Es handelt sich um Garret, einen Neunjährigen, bei dem eine, auch computertomographisch nachgewiesene, Krebsgeschwulst im Gehirn diagnostiziert worden war, die binnen weniger Wochen zum Tode führen mußte. Angesichts der Aussichtslosigkeit der Situation und um den jungen Patienten zu aktivieren, entschloß sich die Neurologin, Frau Dr. Norris, ihm die volle Wahrheit so mitzuteilen, daß sie ihm von dem in seinem Körper vorgehenden Kampf zwischen Krebszellen und „Killerzellen“

(Blutzellen, die Krebszellen vernichten) erzählte. Sie überzeugte ihn, daß er, anstatt Schmerzen passiv und wehrlos zu erdulden, sich darauf einzustellen vermöchte, die Killerzellen im Kampf gegen den Krebs zu befehligen, wodurch er ihnen helfen könnte zu siegen. Dabei nahm die Ärztin Bezug auf sein Autogenes Training, bei dem er ja ebenfalls durch Konzentration die Wärme in seinen Händen zu erhöhen vermocht hatte. Er hatte sich selbst am Biofeedback-Gerät davon über-

Biofeedback
(Rückmeldung biologischer Vorgänge): Bei vielen Handlungen vermitteln Auge und Ohr eine Rückmeldung dessen, was wir erreicht haben. Dadurch sind wir in der Lage, unsere Leistungen gezielt zu verbessern. Wenn wir uns entspannen, erhalten wir jedoch keine entsprechende Information über den Erfolg dieses Bemühens. Eine objektive Anzeige des Entspannungsgrades läßt sich aber durch elektronische Apparate ermöglichen, welche – an entsprechenden Körperstellen durch Elektroden angeschlossen – Muskelspannung, Hirnströme, Hautdurchblutung oder Herzfunktionen in optische oder akustische Signale umwandeln. Dadurch wird die indirekte Beobachtung körperlicher oder psychischer Vorgänge, die verändert werden sollen, ermöglicht und ihre bewußte Steuerung erleichtert.

zeugen können. Der Junge folgte der Empfehlung der Ärztin und konzentrierte sich darauf, Killerzellen dort zum Einsatz zu bringen, wo er Schmerzen bzw. Funktionsausfälle verspürte. Nun, um es kurz zu machen, das Buch schildert seine Hoffnungen und Enttäuschungen, seine Aktivitäten und Gespräche sowohl während Besserung als auch während vorübergehender Verschlechterung bis zur Gegenwart, in der das Computertomogramm nur noch eine verheilte Narbe an der Stelle der Geschwulst erkennen läßt. Sicherlich gibt es berechtigte Zweifel darüber, ob bei der Besserung nicht auch andere Faktoren einen wichtigen Einfluß ausgeübt haben könnten. An dieser Stelle kam es uns darauf an zu zeigen, wie es gelang, die Aktivität des Patienten zu mobilisieren, seinen Willen und seine Zuversicht mit ins Spiel zu bringen. Dr. Norris spricht eine unbestreitbare Wahrheit aus, wenn sie feststellt: „Hoffnung, das bedeutet neuroendokrinologische Veränderung."

Um den Sinn des von Frau Dr. Norris gewählten Weges richtig zu begreifen, muß man sich die Situation vieler unheilbar Kranker vor Augen führen. Maxie Wander hat uns Einblicke darüber in ihren Tagebüchern und Briefen vermittelt: „Über meine Verzweiflung schreibe ich nicht. Ich verdränge das Ungeheuer und rede von Alltäglichem. Mir scheint, ich lebe, weil ich es noch nicht begriffen habe. Dazwischen immer wieder Eintauchen in die große Angst!" Einen Tag später liest man: „Diese Nächte, diese Angst und mein Grübeln über die Ärzte, ihre Unsicherheit, ihr Tappen im dunkeln. Vielleicht müssen sie die Kranken belügen, nicht jeder erträgt die Wahrheit. . . . Aber wann und was ein Kranker wissen soll, das müßten die Ärzte sorgfältig bestimmen und verantworten können. Aber sie interessiert nur der Tumor, und das ist niederschmetternd!" Und von den Mitpatienten sagt sie: „Die chronisch Kranken entwickeln mit der Zeit eine sehr traurige, wenn auch verständliche Haltung. Sie hängen durch, seelisch, geistig und körperlich. Du mußt einmal sehen, wie die Mannsbilder hier rumrennen, auch die leichteren Fälle, ein Graus. Lassen sich gehen, achten nicht einmal auf ihre Kleidung . . ." Von einer Leidensgefährtin Maxie Wanders, der Schriftstellerin Brigitte Reimann, berichtet Professor Stobbe: „Ihr Ziel bleibt es, den Abschluß des Romans zu erreichen. So produziert sie unentwegt, wann immer dies ihr möglich ist . . . Nach Phasen der Erschöpfung durch Hochvolttherapie und Behandlung mit Zytostatika schreibt sie: ‚Ich bin gar nicht so tapfer, wie ich mir und aller Welt vormache; aber ich glaube, die Hauptsache, um den Kopf oben zu behalten, ist, daß man einen wirklich tiefen Grund zum Leben hat – und das ist eben, jetzt vor allem anderen, mein Buch.'" Die hier angeführten Reflexionen zeigen, wie wichtig es ist, gerade auch wenn wir dem unausweichlichen Tod gegenüberstehen, eine Aufgabe zu haben, uns gefordert zu fühlen. Diese Erkenntnis ist sowohl für die Patienten selbst als auch für ihre Angehörigen und Ärzte von Bedeutung. Immer mehr Ärzte erkennen das und bemühen sich z. B. durch Einschalten von Arbeitstherapeuten bzw. durch Anregung schöpferischer Möglichkeiten des Patienten, diesen nicht nur abzulenken, sondern seinem noch verbleibenden Leben Sinn und Inhalt zu geben. Auch die Angehörigen und vor allem der Patient selbst können dazu viel tun.

Unbestimmte oder „frei schwebende" Angst- und Erregungszustände

Ängste, die ohne Bezug auf spezifische Gefahren durch Erregung gekennzeichnet sind, die mit Selbstwertkrisen und dem Gefühl eines drohenden Unglücks einhergehen, sind zumeist die Folge einer ganzen Kette belastender Erlebnisse. Dennoch kann die Möglichkeit, daß ein solcher Zustand Ausdruck einer organischen Erkrankung ist, nicht von vornherein ausgeschlossen werden, weshalb eine Vorstellung beim Arzt notwendig ist. Im allgemeinen wird es wenig Sinn haben, selber ergründen zu wollen, welche Erlebnisse zur Entstehung des quälenden Angstzustandes beigetragen haben. Zu viele und zu lange zurückliegende Ereignisse haben da zusammengewirkt. Wichtiger ist es zu beobachten, wie Gedanken, Vorstellungen und Erwartungen dazu beitragen, die Angst aufrechtzuerhalten, indem sie eine überwiegend negative Auslese von Erinnerungen an wirklich erlebte Vorgänge bewirken bzw. noch gar nicht eingetretene negative Ereignisse vorwegnehmen. Aus der Vielfalt der Eindrücke, die wir ständig erhalten, werden dann hauptsächlich die unangenehmen erinnert. Gefragt, was er bei einem Spaziergang erlebt habe, be-

David Alfaro Siqueiros, Echo auf einen Schrei (1937)

richtete ein solcher Patient z. B. von überquellenden Mülleimern, Dreck auf der Straße, Kindern, die sich gezankt hätten, usw., während ein anderer, der etwa zur gleichen Zeit unterwegs war, viel mehr von den blühenden Blumen, den neu gesetzten Gartenzäunen und dem lustigen Spiel der Kinder beeindruckt war. Ebenso sieht der erste in seinem Urlaub eine Kette von Schwierigkeiten und Unannehmlichkeiten auf sich zukommen, während der zweite sich auf erholsame Erlebnisse freut.

Eine derartige negative Einstellung bildet sich manchmal nach Schicksalsschlägen heraus. Dabei geht man, mehr oder weniger bewußt, davon aus, daß die Vorwegnahme des Schlimmsten den Schreck und die lähmende Angst verringert, die auftreten könnten, wenn es wirklich wieder soweit kommt. Diese Einstellung führt jedoch meist nicht zur angepaßten Vorbereitung auf eventuell auftretende Probleme, sondern bildet einen autosuggestiven Ausgangspunkt für immer größere Schwierigkeiten, wenn es nicht gelingt, sie rechtzeitig zu verändern. Die zunächst nur als Vorbeugung empfundene negative Erwartung hat die Tendenz, sich ständig zu verstärken und auszubreiten (zu eskalieren). Immer ausschließlicher auf mögliche negative Entwicklungen gerichtet, verzerrt sich die Sicht auf die Wirklichkeit. Dadurch wird man auf die Dauer auch Angehörigen und Freunden zur Last und empfindet sich nun auch mehr und mehr isoliert. Hinzu kommt aber, daß die negativ aufgeschaukelten Gedanken auch einen Einfluß auf das eigene Verhalten ausüben. Man geht an die Ausführung seiner Aufgaben halbherzig und unsicher heran, infolgedessen tritt dann tatsächlich auch des öfteren ein Versagen ein. So wird die negative Sichtweise bestätigt, und die Teufelsspirale geht weiter abwärts. Hier kommt es darauf an, diese Zusammenhänge zu begreifen und entschlossen die negative Blickrichtung zu verändern, indem man systematisch bei kleinen Dingen beginnt. Bei unserer Freizeitgestaltung z. B. erleben wir sicher angenehme und weniger schöne Stunden. Nun ist es wichtig, sich zu fragen: „Welchen Eindruck hat der Tag oder der Abend bei mir hinterlassen?“ Wenn wir uns ungeschminkt Rechenschaft ablegen, sind wir in der Lage, sowohl unsere eigene Einsatzbereitschaft zu verstärken als auch bewußt die angenehmen Eindrücke wahrzunehmen und uns daran zu erfreuen. Wenn es so nach und nach gelingt, gezielt posi-

Skandale, Sensationen, Sterben! Ein tägliches Bild in der westlichen Presse (Fotomontage)

tive Situationen zu erleben, haben wir einen wichtigen ersten Schritt getan. Außerdem kommt es natürlich noch darauf an, alle die Angstbewältigungsmethoden mit einzusetzen, die wir in den vorigen Abschnitten schilderten: entspannen, gelassen sein (sich aus der Kosmonautenperspektive sehen), angenehmen Vorstellungen und Träumen nachhängen, optimistisch planen und erfolgreich – weil mit kleinen Aufgaben beginnend – aktiv sein.

Psychotherapie

Wenn jemand fürchtet, von seinen Ängsten überwältigt zu werden, sie einfach nicht mehr in den Griff zu bekommen, oder wenn er spürt, daß sie ihm täglich so viel Kraft rauben, daß er es auf die Dauer nicht durchstehen wird, so führt ihn sein Weg wahrscheinlich früher oder später in eine psychotherapeutische Sprechstunde. Dementsprechend werden Psychotherapeuten mit einer großen Zahl unterschiedlichster Nöte und Ängste konfrontiert. Wir hoffen, dem Leser einen Einblick in die psychotherapeutische Praxis zu geben, indem wir hier aufzeigen, wie Psychotherapeuten (Th.) ihre Arbeit selbst sehen, wenn sie von einem Zeitungsreporter (R.) interviewt werden:

R.: Könnten Sie vielleicht zunächst einmal sagen, weshalb Patienten Sie aufsuchen? Mit welchen Beschwerden kommen diese zu Ihnen?

Th.: Wir sehen ein sehr breites Spektrum von psychi-

> Unter *neurotischen Störungen*
> versteht man Fehlverhaltensweisen oder fälschlich erlernte, unangepaßte Verhaltensweisen, die durch ungünstige Erlebnisse oder Fehlsteuerung hervorgerufen bzw. gefördert wurden. Neurotisches Verhalten ist Ausdruck einer Labilisierung des Erregungs- und Hemmungsgleichgewichts zentralnervöser Abläufe, was vielfach auf eine Überlastung der Informationsverarbeitungssysteme zurückzuführen ist. Die Weltgesundheitsorganisation nennt u. a. folgende neurotische Zustände: Angstneurosen, Hysterien, phobische Zustände (Meidungsneurosen), zwangsneurotische Störung, neurotische Depression, Neurasthenie, Hypochondrie.

schen Störungen und Beschwerden, angefangen von Menschen, die unter Ängsten vor unmittelbar anstehenden Aufgaben leiden, wie Prüfungen, Arzt- bzw. Zahnarztbesuchen, Flugreisen usw., bis zu Patienten, die glauben, daß sie ihr Leben völlig „vermurkst“ haben, sei es, weil sie im Privatleben so schwerwiegende „Fehler“ gemacht haben, z. B. den falschen Partner geheiratet oder falschen Freunden vertraut haben, Verbrechen begingen und verurteilt wurden, alkohol- oder drogenabhängig sind usw., oder weil sie keinen Partner finden, keinem Freund vertrauen konnten und einsam und unglücklich sind. Es kommen Menschen, die ihren Ängsten so lebhaft Ausdruck geben, daß es ihren Freunden zuviel wird und sie von ihnen gemieden werden, und es kommen andere, die ihre Angst so unterdrücken, daß sie in körperlichen Symptomen, den psychosomatischen Erkrankungen, ihren Ausdruck findet.

R.: Bei einer so breiten Palette von Beschwerden ist es sicherlich nicht möglich, ein einheitliches therapeutisches Vorgehen anzuwenden?

Th.: Ja und nein! Gewiß ist es notwendig, auf die individuellen Sorgen und Nöte jedes einzelnen einzugehen und ihn auch in seiner ganz einzigartigen Situation und Problematik zu begreifen. Aber auf der anderen Seite gibt es doch Gemeinsamkeiten, die vielen dieser Unglücklichen gleichermaßen das Leben schwermachen und Ansatzpunkte für die Behandlung bieten.

R.: Könnten Sie das vielleicht etwas ausführlicher darstellen?

Th.: Wenn jemand größere Schwierigkeiten in den Beziehungen zu seinen Mitmenschen hat, so sind diese zumeist mit seelischen Veränderungen verbunden, die der Betreffende selbst kaum bewußt wahrnimmt, die aber die Überwindung dieser Schwierigkeiten zusätzlich erschweren. Das Selbstvertrauen wird erschüttert. Er zweifelt an seiner Leistungsfähigkeit, an der Richtigkeit der eigenen Schlußfolgerungen und glaubt, daß andere diese Selbstunsicherheit und Leistungsschwäche ebenfalls wahrnehmen.

R.: Wenn ich Sie recht verstehe, heißt das, daß es in allen diesen Fällen darauf ankommt, das Selbstvertrauen des Patienten wieder aufzubauen. Aber wie kann man das in der psychotherapeutischen Sprechstunde tun?

Th.: Sie haben ganz recht verstanden. Allerdings kann man Selbstvertrauen nicht losgelöst von anderen Einflüssen betrachten. Gemeinsamkeiten und vertrauensvolle Beziehungen zu anderen Menschen, die verläßlich zurückmelden, welchen Eindruck man auf sie und andere macht, bestimmen in entscheidendem Maße die Größe des Selbstvertrauens. Wie selbst vorübergehende Einsamkeit einen plötzlichen Selbstvertrauensschwund und Todesangst heraufbeschwören kann, schildert Kafka (1921) in einem Brief an Max Brod: „. . . so, wie wenn einer der Verlockung nicht widerstehen kann, in das Meer hinauszuschwimmen, glückselig ist, so getragen zu sein, ‚Jetzt bist Du Mensch, bist ein großer Schwimmer' und plötzlich richtet er sich auf, ohne besonders viel Anlaß und sieht nur Himmel und Meer und auf den Wellen ist nur sein kleines Köpfchen, und er bekommt eine entsetzliche Angst, alles andere ist ihm gleichgültig, er muß zurück und wenn die Lunge reißt." Was damals Kafka erkannte, das haben heute sorgfältige Experimente zur Vorbereitung der Kosmonauten bestätigt: Ohne menschlichen Kontakt und Rückmeldung der Wirkung des eigenen Verhaltens entsteht Angst und sinkt das Selbstvertrauen gefährlich ab.

R.: Wenn enge zwischenmenschliche Beziehungen und Selbstvertrauen so direkt miteinander zusammenhängen, wie Sie das zeigten, dann erscheint mir die Aufgabe, das Selbstvertrauen zu heben, eher noch schwieriger. Wie gehen Sie denn nun dabei vor?

Th.: Die Herstellung einer vertrauensvollen Beziehung zum Patienten ist bei jeder Psychotherapie die erste Aufgabe des Behandlers und bildet die Voraussetzung für das weitere Vorgehen. Dabei hilft uns der Leidensdruck des Patienten. Je mehr er unter seiner Not leidet, um so lieber ergreift er die dargebotene Hand, d. h. die Bereitschaft des Therapeuten, ihn verstehen und ihm helfen zu wollen. Für viele Patienten stellt die auf gegenseitigem Vertrauen beruhende Arbeitsbeziehung in der Psychotherapie die erste engere Verbindung überhaupt dar, die sie seit vielen Jahren eingehen. Der Therapeut hat nun verschiedene Möglichkeiten, um dem Patienten zu helfen, sein Selbstvertrauen aufzubauen bzw. wiederzuerlangen. In manchen Fällen reicht es schon aus, durch mehrmalige Äußerung des Gefühls echter Hochachtung, die der Therapeut vor der Persönlichkeit und den Leistungen des Patienten empfindet, und einige zusätzlich eingestreute Bemerkungen die Selbstachtung des Patienten systematisch zu erhöhen. Vielfach ist es so, daß die Patienten eigene Leistungen angesichts ihrer gegenwärtigen Schwierigkeiten völlig vergessen haben und sie ihnen erst beim Erzählen über ihr Leben wieder zum Bewußtsein kommen.

R.: Die Not der Patienten bringt also eine Einstellung hervor, in der das Negative hervorsticht und das Positive in den Hintergrund tritt?

Th.: Genauso ist es. Es ist oft erstaunlich, in welchem Maß Wahrnehmung und Denken unter solchen Umständen die negativen Seiten des Lebens hervorheben und damit natürlich die Schwierigkeiten eher noch vergrößern.

R.: Aber Sie sprachen von verschiedenen Möglichkeiten, das Selbstvertrauen zu stärken. Vielleicht können Sie dazu noch etwas mehr sagen?

Th.: In erster Linie ist da wohl das Selbstsicherheitstraining oder Selbstbehauptungstraining zu nennen. Dabei handelt es sich um Übungsmethoden, die eine schrittweise Steigerung der Selbstsicherheit zum Ziel haben. Der Therapeut stellt dem Patienten Aufgaben, die jeweils eine minimale Überwindung eigener Hemmungen im Verkehr mit anderen Menschen erfordern und deren erfolgreiche Bewältigung nach und nach das Selbstvertrauen steigert. Dabei ist es besser, eine Auf-

Selbstsicherheitstraining
ist eine erfolgreiche Methode zur Behandlung sozialer Ängste sowie von Hemmungen im zwischenmenschlichen Kontakt und anderen Mängeln im Verhalten. In Einzelbehandlung oder in Gruppensitzungen werden nach Schwierigkeitsgraden gestufte Übungen als Rollenspiel oder auch im Alltag durchgeführt. Vertrauen in die eigene Fähigkeit, sich durchzusetzen, wird dadurch erlangt, daß schwierige Aufgaben, z. B. eigene Wünsche und Forderungen mit Nachdruck zu vertreten, eigene Empfindungen klar auszudrücken usw., erfolgreich bewältigt werden.

gabe in zwei Teilschritten durchzuführen, die beide erfolgreich sind, als einen zu großen Schritt zu wagen, der zum Mißerfolg und damit zu erneuter Entmutigung führen könnte. Im Prinzip eignet sich auch jedes körperliche Training, wenn es unter fachkundiger Aufsicht begonnen wird, zur Steigerung der Selbstsicherheit.

Andere Möglichkeiten, die noch kurz erwähnt zu werden verdienen, bestehen in der hypnotischen Selbstvertrauenssteigerung sowie im Einbau entsprechender Vorsätze in das Autogene Training.

R.: Ich kann mir vorstellen, daß mit der Steigerung des Selbstvertrauens die Gemeinsamkeiten des Herangehens an die verschiedenen psychischen Schwierigkeiten Ihrer Patienten erschöpft sind und alles weitere dann jeweils auf die besondere Problematik des einzelnen abzielt.

Th.: Sicherlich ist das in einigen Fällen so. Es gibt jedoch noch andere Gemeinsamkeiten, die ebenfalls bei unterschiedlichen Schwierigkeiten anzutreffen sind: Lassen Sie mich noch kurz auf drei derartige Problemgebiete eingehen, die vielen Patienten zu schaffen machen. Sie erwähnten bereits die Bevorzugung negativer Sichtweisen, wenn man in Schwierigkeiten steckt. Tatsächlich gibt es unter diesen Umständen eine Reihe von Veränderungen im Ablauf der geistigen Vorgänge bei der Widerspiegelung der Umwelt, der sogenannten Informationsverarbeitung. Da erfolgt, wie bei fast allen Krankheiten und Belastungen, eine Verschiebung des Schwergewichts oder eine Einengung der geistigen Interessen auf größere Ichbezogenheit, gelegentlich wird sogar die Realitätssicht mehr oder weniger verzerrt, insbesondere, wenn die Angst übermächtig ist. Ein zweites Problemgebiet ist das normalerweise annähernde Gleichgewicht zwischen Anspannung und Entspannung, Aktivität und Passivität. Hier finden wir oft beträchtliche Verschiebungen, sei es in Richtung auf Spannung und Hektik oder auch umgekehrt zu übermäßiger Passivität und Sichfallenlassen. Als drittes möchte ich schließlich noch eine Begleitsymptomatik nennen, die viele unserer Patienten zeigen. Sie besteht in besonderen Schwierigkeiten, gute Freundschaften und überhaupt tragfähige Beziehungen aufzubauen; dazu gehört, daß man imstande ist, Gedanken und Gefühle für andere verständlich auszudrücken, aber auch selber ein offenes Ohr für die Empfindungen der Mitmenschen, für ihre Hoffnungen und Sorgen zu haben.

R.: Nun, ich nehme an, daß die Psychotherapeuten für derartige häufig auftretende Schwierigkeiten, genau wie für den Mangel an Selbstvertrauen, bereits erfolgreiche Methoden entwickelt haben, um dem Patienten zu helfen, diese Hürden für harmonisches Zusammenleben zu überwinden?

Th.: Ja, es gibt einige Methoden, die – Bereitschaft und Kooperation des Patienten vorausgesetzt – schnell praktische Erfolge bringen. In diesem Zusammenhang ist besonders das sogenannte Rollenspiel von Bedeutung, bei dem der Patient so reagiert, wie er in einer vorgestellten Schwierigkeit tatsächlich reagieren würde. Anschließend hat er Gelegenheit, mit dem Therapeuten bzw. in der Gruppentherapie auch mit den Gruppenmitgliedern darüber zu sprechen, wie er sich dabei fühlte, wie sein Verhalten auf die anderen wirkte und was er eventuell besser machen könnte.

R.: Sie haben uns einen kleinen Einblick in die Vielfalt

Ihrer psychotherapeutischen Aufgaben und Möglichkeiten gewährt. Ich möchte Ihnen dafür danken. Darf ich Sie abschließend noch fragen, nach welchen Kriterien Sie den Erfolg Ihrer psychotherapeutischen Bemühungen einschätzen?

Th.: Sehr wichtig ist für uns das, was der Patient selbst dazu meint. Ist es ihm gelungen, die oft recht schwerwiegenden Störungen und Problemsituationen erfolgreich zu bewältigen? Fühlt er sich subjektiv leistungsfähiger? Hat er weniger störende Ängste? Wir beziehen gern Einschätzungen von Partnern und anderen Bezugspersonen über den Erfolg mit ein. Und schließlich können wir durch psychologische und psychophysiologische Untersuchungsverfahren, die vor, während und nach der Behandlung angewandt werden, den Erfolg objektivieren, indem wir z. B. die Senkung objektiver Angstindikatoren (Veränderungen des Herz- und Kreislaufgeschehens, der Muskelpotentiale, der Atmung, Veränderung in der biochemischen Zusammensetzung des Blutes, des Urins usw.) ermitteln.

Nach diesem doch mehr allgemein gehaltenen Interview ist es vielleicht aufschlußreich, wenn wir im folgenden kurz schildern, wie die Therapie der weiter vorn erwähnten Patienten (bei Herrn Werner und Frau Bartel) ablief. Dabei sei jedoch an dieser Stelle gesagt, daß nicht nur die Namen der Personen frei erfunden sind, sondern daß wir auch, um zufälliges Wiedererkennen auszuschließen, Einzelheiten verändert haben.

Fassen wir noch einmal kurz das über Herrn Werner Gesagte zusammen: Der 45jährige Autoschlosser, Vater von 2 Kindern, litt an Angstträumen und Selbstzweifeln, die ihn z. B. zwangen, immer wieder zu kontrollieren, ob er seine Arbeit richtig gemacht hatte. Nach seiner Meinung war der ältere Bruder ihm stets vorgezogen worden. Dieser hatte auch die erste Freundin des Patienten geheiratet. Erst als der Ältere nicht bereit war, die Autowerkstatt des Vaters zu übernehmen, ging diese in den Besitz des Patienten über.

Aus der Sprechstunde (Fortsetzung)

Aufzeichnungen des Psychotherapeuten über den Verlauf der Therapie mit Herrn Werner entnehmen wir:

17. VII. Herr W. berichtete über seine Beschwerden, machte einen etwas unsicheren Eindruck. Zollt seinen Mitarbeitern hohe Anerkennung. Schätzt ein, daß er als verläßlicher Handwerker gilt. (Stimmt höchstwahrscheinlich.) Beim Gespräch über die Kinder hellt sich sein Gesicht auf, offensichtlich liebt er sie sehr und ist auch stolz auf sie. Von seiner Frau spricht er relativ wenig. Die Ehe sei in Ordnung. Sie verstünden sich gut! (??) Seine Frau begreife, daß er an Samstagen oft noch zu tun habe, aber sonntags fahren sie bei gutem Wetter aufs Land. Er habe nur eine kleine „Klitsche", aber die sei tipptopp in Ordnung.

24. VII. Er habe in der Nacht nach unserem Gespräch zum erstenmal seit langem durchgeschlafen, keine schlechten Träume. Aber in den folgenden Nächten sei er dann wieder schweißgebadet und mit starkem Herzklopfen aufgewacht. Berichtet über seinen Traum mit Autounfall und verletzten Kindern. In einem anderen Traum konnte er von erhöhtem Standpunkt aus beobachten, wie ein Unfall sich anbahnte, wollte hinlaufen, um Wagen aufzuhalten, konnte sich aber nicht von der Stelle bewegen. – Erste Einführung ins Autogene Training. Entspannt gut. Ist erstaunt über Wirkung. Hätte so was nicht für möglich gehalten. Anleitung zum selbständigen Üben und zum Zurücknehmen.

31. VII. Herr W. beginnt damit, daß ich noch etwas wissen müsse, was er mir bisher noch nicht erzählt habe: Seine Frau arbeite bei einem Zahnarzt, den sie sehr gut leiden könne. Nach einem Ausflug mit den übrigen Mitarbeitern im Wagen des Chefs sei sie sehr spät nach Hause gekommen. Er habe sich sehr aufgeregt. Auseinandersetzung im Bett, keine Annäherung. Nächsten Tag Verkehr versucht, Erektion sei zurückgegangen. Seitdem seltenes intimes Beisammensein. Wirkt erleichtert, als ich ihm zu verstehen gebe, daß ich begreife, wie unangenehm und verletzend so etwas sei. Aber heutzutage gehörten ja derartige Erfahrungen fast zu den normalen Krisen, durch die jede Ehe hindurch müßte, wenn sie Bestand haben soll. Autogenes Training. Patient entspannt gut.

7. VIII. Berichtet über sein Autogenes Training: Wenn er selbst übt, Schwere in Armen und Beinen deutlich gespürt. Fühlt sich insgesamt etwas ruhiger. Alpträume scheinen auch nicht mehr so häufig vorzukommen. Mein Vorschlag: nach zwei weiteren Sitzungen eine gemeinsame Aussprache mit seiner Ehefrau vorzusehen. Er: So was habe er sich schon gedacht. Ich: Man könnte, wenn alles gut gehe, in etwa 5–6 Wochen an Abschluß der Therapie denken. Bis dahin könnten, vorausgesetzt, das selbständige Üben des Autogenen Trainings macht weiter so gute Fortschritte, die Symptome weitgehend behoben sein.

14. VIII. Patient hat mit Ehefrau gesprochen. Sie ist bereit, in zwei Wochen mit herzukommen. Er übe regelmäßig (Autogenes Training), und es klappe meist gut. Aber wenn er versuche, sich damit zu beruhigen, wenn er nach einem schlechten Traum nicht wieder einschlafen könne, gelinge es nicht, im Gegenteil, er habe sogar einmal Kopfschmerzen dabei bekommen. Noch einmal mache ich klar, daß das Autogene Training darauf abzielt, eine Umschaltung von der willentlichen Steuerung des Verhaltens, die wir im täglichen Leben brauchen, um Leistung zu bringen und unsere Ziele zu erreichen, auf ein mehr beobachtendes Geschehenlassen vorzunehmen. Einige wenige Ziele, wie Einschlafen und Lieben, ließen sich nicht mit Willenskraft erreichen. Im Gegenteil, je mehr man dies mit dem Willen erzwingen wolle, um so mehr verspanne man sich, und das Gegenteil des Gewünschten trete ein. Hier käme es darauf an, Vertrauen in die harmonische Regulation des Körpergeschehens zu haben und einfach zu genießen, wie sich alles von selbst richtig entwickle. Ich erkläre ihm, daß es zu Anfang manchmal geschieht, sei es, weil der Patient ungenügend vorbereitet wurde oder nicht alles richtig verstanden hat, daß er sich bemüht, beim Autogenen Training eine willentliche Anstrengung zu machen, etwa „Jetzt *will* ich aber schnell entspannen und einschlafen, sonst bin ich morgen früh nicht ausgeruht". Man kann aber nicht gleichzeitig einen Willensakt ausführen und entspannen. Der so hervorgerufene innere Konflikt macht das Autogene Training unwirksam und ruft gelegentlich Spannung und Kopfschmerz hervor. Ich empfehle noch einmal, nur passiv und konzentriert zu beobachten, was sich im Körper abspielt, und auf das Wollen während des Autogenen Trainings zu verzichten. Anschließend noch einmal Autogenes Training unter Anleitung. Patient fühlt sich gut entspannt.

21. VIII. Patient berichtet, er habe bemerkt, daß er bei der Arbeit nicht mehr die Notwendigkeit empfinde, mehrmals zu kontrollieren. Er habe bei seinen Übungen, wie empfohlen, den Vorsatz eingebaut: „Ich arbeite immer gewissenhaft und systematisch. Dabei lasse ich mich nicht ablenken. Wer was von mir will, muß warten, bis ein Arbeitsgang abgeschlossen ist." Meint, er sei etwas nervös wegen der Aussprache mit seiner Frau nächste Woche. Wieder Autogenes Training. Gut.

28. VIII. Patient erscheint mit Ehefrau. (Intelligente, gutaussehende Mittvierzigerin, wirkt etwas verführerisch.) Ich erkläre Grund der gemeinsamen Unterhaltung: Offene Aussprache besser als unausgesprochene Ängste und Verdächtigungen. Bitte Herrn W., über seine Sorgen zu sprechen. Er schildert bessere Bildung, finanzielle Lage, Eleganz und gesellschaftliche Gewandtheit des Zahnarztes und eigene Befürchtung, Frau W. zu verlieren. Sie: Ja, ihr Chef gefalle ihr sehr, vor allem auch, weil er so viele interessante Eindrücke vermitteln könne. Er erzähle so lebhaft von seinen Reisen und Tagungen, berichte über interessante Bücher, die er gelesen habe. Sie finde ihn auch als Mann attraktiv und gebe offen zu, daß sie manchmal seine Frau beneide, die das alles miterleben könne, während sie selbst nach der Arbeit Haushalt und Kinder versorge und sonntags auf der Klitsche arbeite. Aber sie hätte keinerlei Grund zu klagen, denn Herr W. sei ein herzensguter Mensch, der alles tue, um der Familie das Leben schön zu machen. Die Idee, daß sie ernsthaft was mit ihrem Chef anfangen könnte, sei ihr schon deshalb nie gekommen, weil dieser ja immer betone, wie gut er sich mit seiner Frau verstehe. Außerdem kenne sie ja genügend Beispiele dafür, wie furchtbar eine zerbrochene Ehe sich auf die Kinder auswirke, und schon aus diesem Grund käme so etwas für sie nicht in Frage. Herr W. fragt ungläubig: „Du hast also wirklich nichts mit ihm gehabt?" Sie: „Aber sag mal, wie kommst du denn auf die Idee? Natürlich hab ich nichts mit ihm gehabt!" Weitere Unterhaltung in gelöster Atmosphäre. Herr W. macht den Vorschlag, den Zahnarzt und seine Frau einmal einzuladen, um gemeinsam über Reisen und andere interessante Dinge zu sprechen. Er würde ja auch gern seinen Horizont erweitern. Anschließend fordere ich Herrn W. und seine Frau auf, gemeinsam im Trainingsraum zu entspannen. Lasse in die Entspannungsformeln Hinweise einfließen, daß nach Überwindung von Krisen Partnerbeziehungen neue Höhepunkte erreichen können. Beim Abschied Aufforderung, auf dem Nachhauseweg die Unterhaltung noch einmal zu überdenken und nicht miteinander darüber zu sprechen, bis die Kinder im Bett seien.

Nächste Sitzung: Herr W. kommt sehr zufrieden und schüttelt mir bedeutungsvoll die Hand. Seine Frau und er möchten sich noch besonders bedanken, sie wären nach der letzten Sitzung sehr glücklich gewesen. Sie planen ernsthaft, mit dem Zahnarzt und seiner Frau zusammenzukommen. Autogenes Training klappt gut. Wir beschließen, daß nächste Woche die vorläufig letzte Sitzung sein solle.

Letzte Sitzung: Herr W. berichtet, er habe fast eine Woche keine Alpträume mehr gehabt und auch davor wären sie nicht mehr so aufregend gewesen. Aber in den letzten zwei Nächten sei es wieder ganz schlimm gewesen. Ich sprach von meiner Erfahrung, daß beim

Abschluß einer Therapie Patienten manchmal erneut über Beschwerden berichten, die schon fast verschwunden waren. Das sei sozusagen eine Reaktion des Organismus auf den bevorstehenden Verlust des engen Kontaktes mit dem Therapeuten. Patient: Er müsse zugeben, daß er sich sehr an mich gewöhnt habe. Zu Anfang sei ihm der weite Weg lästig gewesen, und er habe sich gefragt, ob sich das denn überhaupt lohne. Aber jetzt freue er sich jedesmal auf unser Zusammentreffen. Ich gab ihm einen Termin in drei Monaten für einen Bericht über weitere Fortschritte.

Soweit das Verlaufsprotokoll zu Herrn Werner. Kommen wir nun zu unserer zweiten Behandlung.

Frau Bartel ist, wie sich der Leser erinnern wird, eine 35jährige Verkäuferin, verheiratet, Mutter von 2 Kindern, die plötzlich an schnell zunehmender Angst litt, auf die Straße zu gehen. Sie konnte infolgedessen ihre Arbeit nicht mehr verrichten und wurde krank geschrieben. Möglicherweise spielt die Tatsache eine Rolle, daß Frau B. erfahren hat, daß ihr Mann auf seinen Dienstreisen des öfteren mit einer jungen Ingenieur-Kollegin den Abend verbrachte.

Bei der ersten Begegnung mit der Psychotherapeutin berichtete Frau B. bereitwillig über die Angst, die sie auf der Straße befallen hatte. Auf Befragen der Therapeutin nach sonstigen Sorgen und Kümmernissen sprach sie auch von der jungen Ingenieurin. Die Therapeutin ließ sich nähere Einzelheiten berichten und meinte dann, sie könne gut verstehen, daß die Patientin Angst habe, daß die mit soviel Sorgen und Anstrengung aufgebaute Familie getrennt werden könne. Auf ihre Frage, was denn die Patientin für Absichten habe, dem entgegenzuwirken, zeigte diese ihre Ratlosigkeit durch eine hilflose Geste. Die Therapeutin erwähnte einige der Faktoren, die Herrn B. mit seiner Frau verbänden, wie gemeinsame Sorgen und Mühen, gemeinsame Freuden usw. Dann kam sie auf Leistungen der Patientin für die Familie zu sprechen und erwähnte auch ihre äußerlich sichtbaren Vorzüge in der Absicht, dieser hilflos ängstlichen Frau wenigstens ein Minimum an Selbstvertrauen aufbauen zu helfen. Die Patientin drückte dann ihre Angst aus, sie sei vielleicht für ihren Mann schon zu gewohnt und nicht mehr attraktiv genug. Im Gespräch darüber, wie es möglich ist, eine Beziehung aufregend und schön zu gestalten, erwähnte die Psychotherapeutin auch, daß sie einmal eine Patientin gehabt habe, die in einer ähnlichen Situation an einer Gangstörung erkrankt sei. Der Mann habe sich eine Zeitlang sehr lieb um sie gekümmert, aber schließlich sei ihm die Belastung doch zuviel geworden, und er habe seine Frau verlassen. Leider sei diese Patientin erst gekommen, als es schon zu spät war. Durch die psychotherapeutische Betreuung konnte der Patientin zwar geholfen werden, die Gangstörung zu überwinden, aber der Mann sei nicht zurückgekehrt. – Zur Vorbereitung der nächsten Therapieschritte sollte Frau B. genau schildern, was sie in der beängstigenden Situation auf der Straße empfunden habe (Körpergefühle wie Herzrasen, Schwindel, Schwitzen, Zittern usw.), welche Gedanken dabei auftraten (z. B. Angst, ohnmächtig werden zu können, einen Menschenauflauf zu verursachen, unsinnige Dinge zu reden, als betrunken angesehen zu werden oder ähnliches) und wie sie sich dann verhalten hat (Ausweichen vor Leuten, Flucht in Hausflure, schnell den Rückweg angetreten, um Begleitung des Mannes gebeten, andere mit den Besorgungen beauftragt usw.).

Nun folgten in mehreren Sitzungen systematische Übungen, die auf eine Veränderung des störenden Angstverhaltens abzielten. Die bequem in einem Sessel sitzende Patientin sollte sich dazu bei geschlossenen Augen möglichst lebhaft vorstellen – so als ob alles Wirklichkeit wäre –, was die Therapeutin in fortlaufender Rede schilderte: Aufbauend auf den Mitteilungen der Patientin, wurden sowohl die angsterzeugenden Umweltgegebenheiten als auch die dadurch ausgelösten ängstlichen Empfindungen beschrieben, also zunächst erst wieder Angst erzeugt. Dann aber folgten in ebenso plastischer Schilderung verschiedene Bewältigungsstrategien, unter denen die Umlenkung der Aufmerksamkeit weg von der eigenen Person (bzw. vom Körpergeschehen) hin zur aktiven und bewußten Auseinandersetzung mit dem Umweltgeschehen eine wichtige Rolle spielte (aufmerksames Betrachten von Schaufensterauslagen; Gedanken darüber, was man selbst benötigt oder für wen eine Besorgung übernommen werden könnte; Beachten anderer Passanten oder Fahrgäste und Überlegungen, welche Berufe sie haben oder was sie erlebt haben könnten; Erkennen von Hilfsbedürftigkeiten und entsprechende Unterstützung bei älteren Bürgern oder Behinderten; Beobachten der Veränderungen in der Natur, Freude an blühenden Anlagen, schönen Verzierungen an Gebäuden; Studieren von Aushängen usw.). In die Vorstellungsinstruktionen der Therapeutin waren darüber hinaus Rückmeldungen der Umwelt an die Patientin eingestreut (z. B. Dankesworte für eine Hilfeleistung; Bemerkungen eines Kindes, das seine Mutter auf das hübsche Kleid der Patientin oder auf die schönen Haare aufmerksam macht; Lächeln eines attraktiven Mannes an der Straßenbahnhaltestelle usw.).

Von größter Wichtigkeit ist, daß in der Vorstellungstherapie (und das gilt ebenso, wenn die Angsttherapie sofort in der Realität durchgeführt wird) jedes unangemessene Flucht- und Meidungsverhalten unterlassen und das ursprünglich vorgesehene Ziel jeweils erreicht wird. So endete jede Vorstellungsinstruktion mit dem ausgesprochenen Erfolgserlebnis, die Situation gemeistert, die Angst bewältigt zu haben.

Diese in der Vorstellung mehrfach erfolgreich durchstandenen Bewährungssituationen bewirkten, daß sich die Patientin nach und nach an entsprechende Situationen in der realen Umgebung heranwagte. So begann sie, die schon viele Wochen nicht mehr ohne Begleitung die Wohnung verlassen hatte, damit, allein den Mülleimer im Hof auszuleeren, dann Einkäufe in nahegelegenen Geschäften zu tätigen, schließlich einen Spaziergang zu unternehmen und auch wieder öffentliche Verkehrsmittel zu benutzen, bis sie sogar wieder freudig den Weg zur Arbeit und zurück schaffte. Der Ehemann äußerte sich sehr anerkennend und wurde sogar seinerseits etwas eifersüchtig, wenn sie sein Angebot ablehnte, sie von der Arbeit abzuholen, zumal er beobachtet hatte, wie freundlich sich jetzt die Kollegen seiner zurückgekehrten Frau zuwandten.

Diese Behandlung wurde übrigens im Rahmen einer wissenschaftlichen Untersuchung über die Psychotherapie derartiger Meidungsneurosen (Phobien) durchgeführt. Dabei war Frau B. die Patientin mit den geringsten Beschwerden und der kürzesten Krankheitsdauer. Die anderen Patienten – 5 Männer und 19 Frauen – litten an vergleichbaren Symptomen (unangemessenen Meidungsreaktionen) zum Teil schon 20 Jahre und länger (die Durchschnittsdauer der Erkrankung betrug 7 Jahre). In fast allen Fällen hatten Angst und Behinderung im Laufe der Zeit noch zugenommen. Die Tatsache, daß Frau B. in dieses Forschungsprojekt einbezogen war, hatte zur Folge, daß die Lebhaftigkeit ihrer Angst bei der Vorstellung, allein auf die Straße zu gehen, elektronisch registriert werden konnte. Ebenfalls wurde aufgezeichnet, wie sich die Angst dann auf Grund entsprechender Bewältigungsvorstellungen verringerte und schließlich schwand.

Mit dieser ambulanten psychotherapeutischen Vorgehensweise konnte die Therapeutin übrigens auch ihren anderen Patienten helfen. Es gibt allerdings auch Angstzustände, deren Behandlung eine noch umfassendere psychotherapeutische Betreuung verlangen, welche dann stationär erfolgt, wie wir mit dem dritten Beispiel zeigen werden.

Herz- und Tumorangst

Die 42jährige Patientin St. berichtete bei der Aufnahme über eine Vielzahl körperlicher Beschwerden (Druck im Kopf, Schwindel, Atemnot, unregelmäßigen Herzschlag, Übelkeit, Taubheitsgefühl im Mund, Einschlafen der Hände und Füße), die besonders dann auftraten, wenn sie das Haus verlassen wollte oder wenn andere „Belastungen" auf sie zukamen. Außerdem gab sie Schlafstörungen, Müdigkeit, Kraftlosigkeit und Reizbarkeit an sowie unüberwindliche Angst, auf die Straße zu gehen oder gar mit öffentlichen Verkehrsmitteln zu fahren.

Die Beschwerden hatten sich zunehmend nach einer Schilddrüsenoperation im 28. Lebensjahr entwickelt. Damals trug sich die Patientin wegen Trunksucht des Ehemannes und daraus resultierenden Problemen mit Scheidungsgedanken. Die gespannte häusliche Situation lieferte immer wieder Anlässe zu Ärger und Erregung, welche dann auch den Schlaf störten und schließlich zu einem labilen Zustand mit den aufgeführten nervösen Beschwerden führten. Die von jeher in vieler Hinsicht ängstliche Patientin deutete die nervös bedingten Mißempfindungen besonders im Kopfbereich und in der linken Brust als Ausdruck eines Tumors und einer Herzerkrankung und lief hilfesuchend von Arzt zu Arzt. Die Kette der ärztlichen Betreuung riß seitdem nicht mehr ab. Entsprechende diagnostische wie therapeutische Maßnahmen in den verschiedenen medizinischen Einrichtungen (von den letzten 10 Jahren hatte sie 5 Jahre in Krankenhäusern verlebt) brachten weder krankhafte Organbefunde noch Besserung des Befindens. Hingegen bestärkte der fehlende Erfolg die Patientin in dem Glauben, schwer und unheilbar krank zu sein. Zwar war von ärztlicher Seite schon lange vor der Aufnahme auf der psychotherapeutischen Abteilung von einer „Neurose" (ist heilbar) gesprochen worden. Aber die Patientin leitete aus von ihr nicht als unqualifiziert erkannten Bemerkungen ihrer Bekannten, wie „Damit ist es schlimmer als mit einem Tumor“ und „Das sieht aber schlimm mit Ihnen aus; wenn Sie nicht mehr können, legen Sie sich doch hin“, eine sehr ungünstige Krankheitsentwicklung für sich ab. Auch der Ehemann wurde mit verunsichert, so daß er die ängstliche Schonhaltung seiner Frau noch unterstützte, indem er sie vom Bett zum Stuhl und zurück trug, wobei durch den Trainingsmangel eine Muskelschwäche bei steigendem Körpergewicht hinzukam.

Aus der Vorgeschichte der Patientin war ersichtlich, daß die von Kindheit an verwöhnte Frau in ihrem bisherigen Leben stets unterfordert war. Sie hatte schon bei der Geburt ihres einzigen Kindes den Beruf (Friseuse) aufgegeben und überließ später auch die Haushaltsarbeit immer mehr den Angehörigen in der gemeinsamen Sorge, daß Belastung ihr „noch mehr schaden“ würde. Diese chronifizierte (lang dauernde, verfestigte) Fehleinstellung mußte nun schrittweise und ohne medikamentöse Unterstützung verändert werden. Durch aufklärende Gespräche angebahnt, wurde dies mit systematischer Steigerung der Alltagsanforderungen praktiziert und erreicht. Anfänglich mußte die Therapeutin durch ihre Gegenwart einerseits Sicherheit geben, andererseits jedes Meidungsverhalten unterbinden. Bei Wiederholung der Aufträge reichte die Ermutigung durch Hinweis auf bereits erzielte Leistungen. Zu Beginn der Therapie war es für Frau St. schon schwierig, die Mahlzeiten gemeinsam mit anderen Patienten im Tagesraum einzunehmen. Vor Gesprächen und Visiten war sie so aufgeregt, daß sie mehrmals zur Toilette laufen mußte, obwohl ihr die 25 Meter bis dorthin auch schon schwerfielen. Sie faßte aber nach und nach unter der konsequenten ärztlich-psychologischen Führung Vertrauen, zumal sie sich täglich von ihrem Leistungszuwachs überzeugen konnte. Schließlich wetteiferte sie bei sportlicher Betätigung und war stolz, bei einem Tagesausflug der Station Schrittmacher gewesen zu sein. Anfangs wegen ihrer Affektausbrüche im Patientenkreis etwas distanziert behandelt, erwarb sie sich mehr und mehr Sympathien, was dem sehr geringen Selbstvertrauen zugute kam. Nach einigen Ermunterungen ließ sie sich auch zu Pförtnerdiensten einsetzen, bei denen wir ihre Zuverlässigkeit schätzen lernten. Das konnte als Vorbereitung auch auf eine berufliche Rehabilitation dienen.

Bei der Entlassung (nach 3 Monaten) war die Patientin „wie umgewandelt". Sie fühlte sich seit längerem völlig beschwerdefrei und war entschlossen, sofort eine Arbeit aufzunehmen. Wegen der Langjährigkeit der Neurose verabredeten wir, den Kontakt nicht gleich ganz abzubrechen, zumal die Eltern und der Ehemann der raschen Veränderung nicht so schnell Rechnung tragen konnten, ja ihr sogar skeptisch gegenüberstanden und sich wieder besorgt erkundigten, ob man nicht ein Stärkungsmittel geben solle, damit sich die Patientin bei ihrer derzeitigen Aktivität nicht so verausgabt.

Als sich Frau St. 5 Monate später wieder ambulant vorstellte, zeigte sie stolz ein Anerkennungsschreiben zu einer Prämie vor, die ihr – einer ungelernten Kraft unter fünfzehn gelernten! – als der besten Verkäuferin einer Warenhausabteilung zum Frauentag gegeben worden war. Sie war beschwerdefrei und blieb es auch über die weitere Beobachtungszeit von 2 Jahren.

Hier zeigte sich, wie in anderen Fällen auch, daß die Patienten durch ihren Erfolg bei der Angstüberwindung insgesamt selbstbewußter und freier wurden.

Die erwähnten Beispiele therapeutischen Vorgehens sollten verdeutlichen, wie es gelingt, Menschen zu helfen, die unter großen persönlichen Schwierigkeiten und Ängsten leiden. Es ging bei allen Patienten nur darum, die Störungen zu beheben, die sie bewußt als quälend erlebten und deretwegen sie zur Psychotherapie gekommen waren. Die Therapeuten hatten nicht das Ziel, solche Vorgänge bewußt zu machen, die zwar möglicherweise bei der Entstehung der Angst eine Rolle gespielt, aber den Patienten bisher nicht behelligt hatten. Wenn er selbst während der psychotherapeutischen Gespräche keine Kenntnis davon zeigte, sehen wir im allgemeinen keinen Anlaß, ihn auf sogenannte tieferliegende dynamische Zusammenhänge aufmerksam zu machen, deren therapeutische Verarbeitung zeitaufwendig und von zweifelhaftem Wert wäre. Diese Selbstbeschränkung des Therapeuten beruht auf der Achtung vor dem Patienten als reifer Persönlichkeit, der selber das Recht hat zu bestimmen, was ihn so stört, daß er es verändern möchte. Aber es gibt auch noch einen anderen Grund: Selbst wenn die Behandlung auf die Behebung einer relativ eng umschriebenen Angst konzentriert bleibt, z. B. auf Ängste, die zur Vermeidung von bestimmten Situationen oder zur Flucht vor gewissen Objekten führen, also Furcht vor engen Räumen, Straßen, Prüfungen, Arztbesuchen usw., so bringt ihr erfolgreicher Abschluß eine Reihe weiterer günstiger Veränderungen mit sich. Es wurde z. B. eindeutig nachgewiesen, daß bei Beseitigung von Objekt- oder Situationsängsten auch das Selbstvertrauen der Patienten verbessert wurde und daß ebenso andere Ängste und Hemmungen verschwanden, die von den Patienten als zweitrangig empfunden und deshalb zuerst nicht mit vorgebracht wurden. Auch vielfältige zusätzliche neurotische Beschwerden, die in einer umfassenden psychologischen Untersuchung vor Behandlungsbeginn ermittelt werden konnten, zeigten in entsprechenden Untersuchungen nach Abschluß der Behandlung eine deutliche Besserung.

Vorbeugen ist besser ...

Wir haben gesehen, daß Angst eine wichtige Funktion erfüllt, wenn sie den Organismus rechtzeitig vor Gefahren warnt und mobilisiert. Wenn diese Warnung gar dazu beiträgt, der Gefahr erfolgreich zu begegnen, fördert sie die Weiterentwicklung und die Stärkung des Selbstbewußtseins. Andererseits wurde jedoch auch deutlich, daß bei Enttäuschungen, Konflikten und anderen Schwierigkeiten Ängste auftreten können, die das Verhalten ungünstig beeinflussen und die Überwindung der angstauslösenden Schwierigkeiten sogar noch beeinträchtigen. Auch Ängstlichkeit, die sich auf Grund unangenehmer Erlebnisse entwickelt hat, kann eine ähnliche Wirkung haben. Es kommt also darauf an, zu unterscheiden zwischen der Angst, die eine wirkliche Gefahr signalisiert und deren mobilisierende Wirkung, voll genutzt, Leben und Gesundheit zu schützen vermag, und jener unangemessenen Angst, deren Auswirkungen unpassend und schädlich sind, wie beispielsweise eine übermäßige Prüfungsangst, die das Denken blockiert.

In den vorhergehenden Kapiteln wurde gezeigt, wie Ängste entstehen und wie wir unangepaßte Ängste überwinden können. Noch besser ist es aber, derartige störende Empfindungen gar nicht erst aufkommen zu lassen. Die Wurzeln aller Ängste entwickeln sich bereits im frühen Kindesalter, deshalb kann man zu diesem Zeitpunkt beginnen, ihrem Auftreten vorzubeugen.

Wehret den Anfängen!

Das beste Mittel, unnötige Ängste gar nicht erst aufkommen zu lassen, ist das gesunde Selbstvertrauen.

Zuversichtliche Selbstsicherheit, die auf der Kenntnis der eigenen Möglichkeiten beruht, bildet eine wesentliche Grundlage für die harmonische Entwicklung der menschlichen Persönlichkeit. Obwohl das im allgemeinen bekannt ist, findet diese Erkenntnis noch ungenügende Berücksichtigung in der Erziehung.

Das kleine Kind erhält auf Grund seiner biologischen Reifung ständig Impulse, neue Leistungen zu vollbringen. Es hebt das Köpfchen, dreht sich um, beginnt, sich auf Händen und Füßen aufzurichten. Das alles geht nicht auf Anhieb. Immer wieder versucht es von neuem, und schließlich ist es erfolgreich. Es lernt krabbeln, richtet sich an den Möbeln auf; später gelingt das Laufen mit Unterstützung, dann das freie Laufen usw. Jeder neue Erfolg in der Beherrschung des Körpers führt dazu, daß sich die „Welt" des Kindes erweitert, neue Eindrücke verarbeitet werden und sich Selbstvertrauen entwickelt. Wir wissen allerdings sowohl durch klinische Beobachtungen als auch durch psychologische Untersuchungen, daß diese Reifungsprozesse nicht nur im Selbstlauf vor sich gehen. Ohne Geborgenheit und Körpernähe von mindestens einer Bezugsperson (Mutter, Vater) und ohne Blickkontakt und Austausch von Zärtlichkeiten verläuft die Entwicklung stark verzögert und kommt schließlich zum Stillstand. Auch diese Erkenntnis setzt sich nur langsam in der Ausbildung junger Menschen für die Elternschaft durch. In dieser frühen Entwicklungsperiode bringt jede neue körperliche Leistung für die meisten Kinder natürliche Liebesbeweise und Anerkennung. Wachsende Geschicklichkeit, zunehmende Kraft und Ausdauer sind Anlaß zum Lob. Das Kind wird mit liebevollem Streicheln, Drücken oder Küssen belohnt. Das steigert die Selbstsicherheit und weckt den Wunsch nach weiterem Lob und Anerkennung. Immer neue Möglichkeiten werden ausprobiert, Körper und Geist angestrengt, um erfolgreich zu sein. Der Erfolg erhöht das Selbstvertrauen und schafft so die Voraussetzungen, auch bei Schwierigkeiten nicht gleich aufzugeben.

Mit der wachsenden Leistung erweitert das Kind aber nicht nur sein Gesichtsfeld, es wächst auch der Aktionsradius. Die Eltern müssen nun allerdings bedeutend mehr Zeit und Energie investieren, um den Tatendrang ihres Kindes in die richtigen Bahnen zu lenken. Damit treten neuartige Probleme und Schwierigkeiten auf. Dem „Begreifen" des Kindes werden erste Grenzen gesetzt. Es gibt viele Dinge, die es nicht anfassen darf, weil sie gefährlich sein können, z. B. Gashähne, Steckdosen, elektrische Geräte usw., oder weil sie zerbrechlich sind. Wenn diese neugeforderten Selbstbeschränkungen tatsächlich erlernt und eingehalten werden, so stellt das einen wichtigen Beitrag zum Gemeinschaftsleben dar, der ebenso belohnt und anerkannt werden sollte wie Fortschritte in der Körperbeherrschung. Allerdings ist es für manche Eltern schwierig, insbesondere natürlich für beruflich belastete Mütter, das richtige Maß an Freiraum zu finden, den das Kind braucht. Es muß selbst die seinem Alter entsprechenden Erfahrungen sammeln und zugleich lernen können, notwendige Grenzen einzuhalten, die verhüten, daß ihm oder der Familie Schaden entsteht. Kinderpsychologen schreiben häufig darüber, wie gerade in dieser Phase, wenn das Kind erstmalig aktiv in den Lebensraum der Familie vordringt, mangelnde Einsatzbereitschaft, Überlastung und Zeitmangel der Eltern die Persönlichkeitsentwicklung des Kindes negativ beeinflussen und Ängste hervorrufen können. Manche Eltern der kleinen Patienten, so berichtet eine Kinderpsychotherapeutin, haben teils gezwungenermaßen, teils aus Bequemlichkeit ihr Kind weitgehend sich selbst überlassen. Wenn sie mit dem Kind zusammen sind, erwarten sie jedoch, daß es sich „anständig" benimmt. Sie denken gar nicht darüber nach, wann und von wem es dieses „anständige" Benehmen gelernt haben soll. Solche Eltern empfinden in der Gegenwart anderer Personen den Entwicklungsrückstand ihres Kindes als persönliche Kränkung oder unausgesprochenen Vorwurf. Verärgert greifen sie zu Strafen, deren Grund das Kind gar nicht verstehen kann und durch die es nur noch mehr verunsichert und geängstigt wird, weil es ja die Verläßlichkeit enger Beziehungen zu den Eltern mit klar festgelegten Grenzen und darauf beruhender Geborgenheit nicht kennt. Hier zeigt sich, daß ungenügender persönlicher Einsatz der Eltern später mit vielfachen Unannehmlichkeiten und unverhältnismäßig großem Zeitaufwand von ihnen bezahlt werden muß und außerdem noch Leid und Angst für ihr Kind mit sich bringt.

Aber auch die umgekehrte Einstellung ist ungünstig. Mütter, die ihr Kind zu sehr einengen, weil sie fürchten, es könne sich verletzen, Schaden anrichten oder fortlaufen, behindern die Entwicklung gleichermaßen. Sie erwecken im Kind Angst vor allen möglichen Gefahren und schränken Situationen allzusehr ein, in denen es lernen könnte, altersentsprechende Gefahren und Schwierigkeiten zu überwinden.

Es kommt also darauf an, dem Kind Gelegenheit zu geben, aus eigenen Kräften ständig wachsende Schwierigkeiten zu bewältigen und dadurch Beifall zu finden und sein Selbstvertrauen aufzubauen. Das Erleben persönlicher Erfolge bei der Überwindung von Schwierigkeiten, Anerkennung auf Grund eigener Leistung und darauf beruhendes Selbstvertrauen sind gute Voraussetzungen für eine angstfreie Förderung aller Anlagen und Potenzen. Eltern und Erzieher werden im allgemeinen versuchen, Neugier und Entdeckungsdrang so zu lenken, daß sie zu Erfolgserlebnissen führen. Ist das gelungen, so wird es auch möglich sein, die Achtung Gleichaltriger zu gewinnen und damit das Selbstvertrauen weiter zu festigen.

Abgesehen von diesen Erziehungsfaktoren, spielen auch noch andere Einflüsse eine wichtige Rolle bei der Schaffung von relativer Angstfreiheit. Das Verhältnis der Eltern zueinander, Charaktereigenschaften der Eltern, ihre Verläßlichkeit, Selbstsicherheit, Liebesfähigkeit und ihr Einfühlungsvermögen werden vom Kind mehr oder weniger bewußt wahrgenommen und finden ihren Niederschlag in der kindlichen Gefühlsentwicklung. In zahlreichen psychologischen Untersuchungen wurde nachgewiesen, wie bedeutsam für Kinder die feste Bindung, das unbedingte Sichverlassenkönnen auf mindestens einen Elternteil ist. Während einer Vorführung von Kinderfilmen vor Zehnjährigen wurden deutlich erhöhte Pulsfrequenzen bei aufregenden Szenen registriert. Aber der Puls war unvergleichlich stärker beschleunigt, wenn im Film ein Kind (Hänsel und Gretel, Schneewittchen, Dornröschen, Aschenputtel) allein gelassen worden war. Eine andere Untersuchung wurde bei Kindern im Alter von 2–6 Jahren vorgenommen: Während sie mit dem Auto durch die Stadt fuhren, wurde ihr Herzschlag fernregistriert. Es zeigte sich, daß selbst in bedrohlichen Situationen, z. B. bei Notbremsung, Schleudern usw., praktisch keine Veränderung der Herzfrequenz auftrat, solange die Mutter in der Nähe war. Wenn jedoch die Mutter das Auto verließ, kam es unmittelbar zu einer Beschleunigung des Herzrhythmus. Diese starke Abhängigkeit von Mutter (Vater) läßt Lob, Anerkennung und Liebe der Eltern in der frühen Kindheit zum erstrebenswerten Ziel des Verhaltens werden. Später wird dann die Anerkennung, die man bei Gleichaltrigen findet, immer bedeutsamer für die Festigung des Vertrauens in die eigene Kraft.

Begegnete das Kleinkind den ersten Schwierigkeiten, als es begann, aktiv in den Lebensraum der Familie vorzudringen, so treten erneut größere Schwierigkeiten auf, wenn es mit anderen Kindern in engere Beziehungen tritt. Spielt sich diese Begegnung unter der behutsamen Führung der Mutter bzw. der Kindergärtnerin ab, so wächst das Kind nach und nach in die neuen Aufgaben des Nehmens und Gebens hinein und lernt, die erwarteten Leistungen zu bringen. Sieht es sich jedoch unter den neuen Bedingungen der Kindergemeinschaft unvorbereitet vor Leistungsanforderungen gestellt, die es noch nicht erfüllen kann, so kommt es zu abwegigen Bemühungen, die ausgebliebenen Erfolge zu erreichen: Sich mit den Leistungen anderer Kinder schmükken, sich vordrängen, andere überschreien, übermäßiges Angeben usw. sind Beispiele dafür, wie unter solchen Umständen versucht wird, mit unpassenden Methoden Aufmerksamkeit auf sich zu lenken und Anerkennung doch noch zu erreichen. Hier kann der Erwachsene (Lehrer, Erzieher und Eltern) viel tun, um den jungen Menschen zu helfen, sich auf angemessene Weise zu bewähren. Das Streben, für körperliche oder geistige Leistung und darauf basierende Erfolge bewundert zu werden, ist nicht nur charakteristisch für Kinder und Jugendliche, sondern auch für das Verhalten der Erwachsenen. Ob man imstande ist, eine erfolgreiche Strategie zur Bewältigung anstehender Aufgaben zu entwickeln, das hängt zum großen Teil davon ab, wie man in der Kindheit gelenkt wurde. Gelingt es, schon dem Kind Erfolge, Anerkennung und Selbstvertrauen sowie das Gefühl des Einbezogenseins in eine feste Gemeinschaft zu vermitteln, so schafft man wichtige Voraussetzungen fürs Erwachsenwerden. Gruppenbildung ist schon bei den höher entwickelten Tierarten ein wichtiger Schutz gegen Gefahren und Ängste. Anerkennung und Schutz durch die Gemeinschaft setzen voraus, daß der einzelne aktiv am Leben der Gruppe beteiligt ist, daß er seine Zeit und Energie bereitwillig zur Verfügung stellt. Vor allem muß er lernen, auf entsprechende Signale anderer Gruppenmitglieder einzugehen. Nur so kann sich koordinierte Aktion und Bindung an die Gemeinschaft entwickeln. Ein Verbot, das von der Mutter, dem Lehrer oder später von einem Mitglied der Arbeitsgruppe ausgeht, sollte nicht dazu dienen zu beweisen, daß man das Kind beherrscht und unter Kontrolle hat, sondern helfen, ungünstige, gefährliche oder störende Situationen zu vermeiden. Wenn das allseitig begriffen ist, kann auch das Kind lernen, darauf einzugehen und das nicht als Unterwerfungsgeste, sondern als positiven Beitrag zur Gemeinsamkeit zu betrachten. Wer als Kind wertvolle Gemeinschaftsbeziehungen erlebt hat, der wird auch im späteren Leben immer wieder Gemeinschaft suchen und schaffen, obwohl das im Zeitalter des Fernsehens und vieler anderer isolierender und passivierender Einflüsse nicht leicht zu verwirklichen ist. Neben Anerkennung und Selbstvertrauen gibt Zugehörigkeit zu einer Gemeinschaft den besten Schutz gegen unnötige und übertriebene Angst.

. . . denn sie wissen nicht, was sie tun

Nun gibt es aber selbst in der kleinsten Gemeinschaft noch andere Schwierigkeiten, die sich der harmonischen Entwicklung entgegenstellen. Manche Angehörige einer Gemeinschaft bedienen sich aus unterschiedlichen Gründen der Angst als Mittel zur Beeinflussung anderer. Das beginnt schon in der Familie, wenn z. B. dem Kind gedroht wird: „Wenn du nicht ißt, muß der Doktor kommen“, „Na warte nur, bis Vater nach Hause kommt“, „Wenn du böse bist, kommt der schwarze Mann“, „Du wirst ja was erleben, wenn du in die Schule kommst!“ Am schlimmsten sind Drohungen wie „Wenn du nicht lieb bist, geht Mutti weg und kommt nicht wieder“, „Wenn du weiter so böse bist, müssen wir dich weggeben“ oder „Siehst du, der ist jetzt im Gefängnis, weil er immer ungezogen war, genau wie du“. Auch Erwachsenen gegenüber sind Drohungen leider nicht selten. Zumeist ist Gedankenlosigkeit oder Hilflosigkeit Anlaß zu solchen Drohungen.

Oft merkt der Drohende, da er zu sehr mit sich selbst beschäftigt ist, nicht einmal, was er beim anderen für Ängste und Schwierigkeiten hervorruft, und ist später völlig erstaunt, wenn die Wirkung, die er gar nicht wollte, sich gegen ihn selbst richtet. Schlimmer noch ist, daß man mit dem Angstmachen oft scheinbare Erfolge hat, so daß man dann diese völlig unpassende und schädliche Erziehungsmethode häufiger anwendet.

Nachwort

In unseren Ausführungen wollten wir zeigen, daß Ängste, die dem einzelnen vielfach als Auswirkung unverständlicher und nur ihn persönlich belastender Gefahren und Schwierigkeiten erscheinen, in dieser oder jener Form Begleiterscheinungen des Lebens vieler Menschen sind. Indem wir die Entstehung von Ängsten, ihre Abhängigkeit vom jeweiligen Stand der gesellschaftlichen Verhältnisse und ihre individuelle Entwicklung in großen Umrissen charakterisierten, verfolgten wir die Absicht, den Leser zu befähigen, diese uns oft so aufwühlenden Empfindungen besser zu verstehen, Abstand zu gewinnen und Zusammenhänge zu begreifen, die uns unter dem unmittelbaren Eindruck der Gefühle oft entgehen.

Ziel dieses Büchleins ist es, dem Leser zu zeigen, wie er seine Fähigkeiten zur Bewältigung von Ängsten so gut wie möglich einsetzen kann. Nicht alle Menschen haben ja das Glück, unter günstigen Umweltbedingungen und mit einer die Reife fördernden Erziehung aufzuwachsen, so daß sie nach und nach mit langsam sich steigernden Ängsten und Belastungsproben konfrontiert werden, die jeweils gerade noch erfolgreich bestanden werden können, wodurch sie gewissermaßen schon von klein an ein Angstbewältigungstraining durchführen. Je nach den Umständen der Förderung in Kindheit und Jugend, Unterschiedlichkeiten von Interessen und Gesamtentwicklung der Persönlichkeit finden wir große individuelle Verschiedenheiten der Muskelkraft, Geschicklichkeit und Intelligenz sowie der Belastbarkeit für auftretende Ängste, Enttäuschungen und Bewährungssituationen. So kommt es vor, daß ein Mensch plötzlich auftretende Bedrohung ohne größere Schwierigkeiten meistert, aber ein anderer sich den gleichen Situationen nicht gewachsen fühlt. Manchmal lassen sich Gefahrensituationen voraussehen, so daß man sich darauf einstellen und sogar gewisse Fertigkeiten erlernen kann, um sie besser zu bestehen. Das ist z. B. bei Feuerwehrleuten, Flugzeugpersonal, Notärzten, Soldaten usw. der Fall. In ihrer Ausbildung gibt es besondere Übungen, um Verhalten für den Notfall so lange zu proben, bis alles fast automatisch abläuft, damit es selbst unter erschwerten Bedingungen klappt. Auch Arbeits- und Brandschutzübungen, wie sie von den meisten Werktätigen in Abständen durchgeführt werden, sollen der Vorbereitung auf Notsituationen dienen, damit bei ihrem Auftreten besonnenes Handeln möglich ist und keine Panik entsteht.

Trotz aller Vorsicht treten aber immer noch überraschende, d. h. unvorhersehbare Gefahrensituationen ein, die uns kurzfristig oder auch über einen längeren Zeitraum äußerst stark belasten. In derartigen Fällen sind wir in erster Linie auf unsere physische und psychische Funktionsfähigkeit angewiesen. Es gibt Gefahren, bei denen sich alles so blitzschnell abspielt, daß überhaupt keine Möglichkeit zu gedanklicher Steuerung besteht. In solchen Fällen (z. B. wenn eine Tribüne zusammenbricht, ein Auto- oder Eisenbahnunglück eintritt usw.) setzt oft das angeborene (unbedingt-reflektorische) Reflexverhalten ein. Dabei kommt es auf den Gesamtzustand des Organismus an. Je besser der Körper trainiert ist, je gesünder die Lebensweise, die wir führen, um so größer sind die Chancen, eine derartige Gefahr zu überwinden.

In einer ganzen Reihe anderer Gefahrensituationen, wie zwischenmenschliche Konflikte (z. B. Scheitern der Ehegemeinschaft, Streit im Arbeitskollektiv usw.), haben wir oft genügend Zeit zur Verfügung, um die Beweggründe der Handelnden begreifen zu können und die Dynamik der Gesamtsituation richtig einzuschätzen. Erst dann sind wir imstande, eine erfolgreiche Strategie zur Beseitigung der Bedrohung ins Auge zu fassen. Auch hierbei ist geistige Leistungsfähigkeit und

Otto Pankok, Das Judenhaus (1945)

Beweglichkeit sowie selbstkritisches Eingestehen eigener Vorurteile und egoistischer Verzerrungen (Subjektivismen) von großer Wichtigkeit, um die notwendige gedankliche Informationsverarbeitung erfolgversprechend auszuführen.

In manchen Fällen werden wir nicht imstande sein, der Gefahr ganz allein Herr zu werden, sei es, weil das physisch unmöglich ist (z. B. bei gesellschaftlichen Gefahren) oder weil wir die Sachlichkeit unseres Denkens, das Einfließen subjektiver Verzerrungen und die Wirkung persönlicher Motivationen (wie gekränkte Eitelkeit, verletzte Menschenwürde usw.) oft nur feststellen, wenn wir das Urteil wohlmeinender Dritter einholen können. Überhaupt bildet die Zugehörigkeit zu einer stabilen Gemeinschaft, das wurde immer wieder wissenschaftlich bewiesen, einen besonderen Schutz gegen Überlastungskrankheiten und unangepaßte Ängste. Aufbau bzw. Festigung einer Gemeinschaft und unsere feste Verankerung darin stellt daher eine besonders wichtige Grundlage jeglicher Angst- und Gefahrenbewältigung dar. Im Rahmen dieser Überlegungen konnten wir nur skizzenhaft auf die dazu notwendigen Bedingungen und die Möglichkeiten des einzelnen, sie zu beeinflussen, eingehen. In jeder Gemeinschaft gibt es sowohl zusammenführende als auch trennende Triebkräfte. Indem wir uns für andere Mitglieder unserer Gemeinschaft uneigennützig einsetzen und umgekehrt auch ihre Hilfe in Anspruch nehmen, stärken wir die Gruppe. Ferner gehört dazu ein intensives Bemühen um Verständnis für andere und Verstandenwerden. Dazu muß man sich allerdings Mühe geben, Sprechhemmungen zu überwinden, sich den anderen zu eröffnen, ihnen Einblick in das eigene Denken und Fühlen, in eigene Konflikte und Schwierigkeiten zu gewähren. Es ist für manche nicht leicht, die sprachliche Mitteilungsfähigkeit zu entwickeln und ebenso den oder die Partner dazu anzuregen. Auch auf Widerstände und Rückschläge muß man gefaßt sein. Wenn es jedoch gelingt, die ganze Gruppe für die Realisierung ihrer speziellen

Luis Arenal, Pogrom (1938)

Aufgabe, sei es Kindererziehung bei Elterngruppen, Verbesserung der Wohnverhältnisse bei der Hausgemeinschaft, qualitativ gute Arbeit in der Arbeitsgruppe, Freizeitgestaltung usw. zu mobilisieren, so ist eine wesentliche Bindung hergestellt, die vereint!

Aktivierung, Überwindung von resignierendem Beobachten zugunsten von aktivem Eingreifen und Verändern bildet nicht nur für die Gruppe, sondern auch für den einzelnen einen Kraftquell bei Überwindung von Gefahren und Ängsten, dessen Bedeutung nicht hoch genug eingeschätzt werden kann, vorausgesetzt allerdings – und das ist sehr wesentlich –, daß man nicht zu große Schritte machen will. Es ist besser, sich ein nahes Ziel zu setzen, das erreichbar ist und verwirklicht wird, als großartige Vorsätze und weitreichende Pläne zu haben, deren Ausführung mißlingt.

Ein Geheimnis jeder größeren erfolgreichen Arbeit und Initiative liegt im Durchhaltevermögen. Dazu gehört erstens, sich schon vor Beginn des Unternehmens Zeit für gründliches Durchdenken der einzelnen Etappenziele zu nehmen, zweitens, sich nicht bereits im ersten Anlauf völlig zu verausgaben, sondern Perioden angespannten Einsatzes mit entsprechenden Erholungspausen abwechseln zu lassen. Wenn uns die Hektik des modernen Großstadtlebens oder die Aufregung nach Auseinandersetzungen und bei inneren Konflikten nicht zur Ruhe kommen lassen, der natürliche Anspannungs-Entspannungs-Rhythmus, den wir so schön beim kleinen Kind beobachten können, gestört und eine innere Verspannung eingetreten ist, die gesunde Entspannung und Energieaufbau verhindert, dann ist es notwendig, etwas zu ändern. Besonders gut eignet sich das Autogene Training dazu.

Schließlich sei noch daran erinnert, wie wichtig es ist, voller Selbstvertrauen und Zuversicht an die gestellten Aufgaben und vor allem an die Angstbewältigung heranzugehen. Wir brachten Hinweise, wie Selbstvertrauen wiedergewonnen werden kann, wenn es infolge von Pechsträhnen und Mißerfolgen abgesunken ist.

Wenn Sie, geneigter Leser, unserem Gedankengang, wie wir ihn in diesem Büchlein darlegten, von Anfang an gefolgt sind, dann haben Sie nicht nur eine Geduldsprobe bestanden, sondern auch, indem Sie zunächst einen Überblick gewannen und neue Gesichtspunkte zur eigenen Aktivierung erarbeiteten, Voraussetzungen geschaffen, um Ängste und Bewährungsproben zu meistern.

Käthe Kollwitz, Solidarität (1931)

„Doch was nutzt das alles“, werden Sie vielleicht fragen, „wenn die uns bedrohende Katastrophe, der Nuklearkrieg, das Leben auf der Erde vernichtet?“ Wie wir bereits im Vorwort sagten, ist es Ziel unserer Ausführungen, speziell auf die besonderen Ängste des einzelnen Menschen einzugehen. Es würde den Rahmen dieses Buches sprengen, wenn wir versucht hätten, das gesellschaftswissenschaftliche Ursachengefüge darzustellen, das die großen Kollektivängste auslöst. Wir sprachen eingangs davon, daß es gefährlich wäre, alle Angst radikal abzubauen, nur weil sie in manchen Fällen eine schädigende Wirkung hat; denn in anderen Fällen, in denen sie eine wichtige lebensrettende Rolle spielt, können wir einfach nicht auf sie verzichten. Tatsächlich wird jeder aufgeschlossene Mensch erkennen, daß die Angst vor dem Nuklearkrieg eine leider nur zu begründete und reale Angst ist, die wir bejahen müssen, weil sie uns selbst, unsere Kinder, ja die gesamte Menschheit vor einer tödlichen Gefahr warnt. Wir können daher diese Ausführungen nicht abschließen, ohne auf die Notwendigkeit zu verweisen, die mobilisierende Wirkung dieser Angst in gemeinsame erfolgreiche Aktionen gegen die Kriegsdrohung umzusetzen. Wir sind sehr glücklich darüber, daß wir in einem Staat leben, einer Staatengemeinschaft angehören, deren erklärtes Ziel es ist, die große und ständig wachsende Friedensfront zu stärken, so daß auch unser individueller Einsatz Unterstützung findet.